一辈子不愁钱的活法

一生お金に困らない生き方

[日]心屋仁之助 心理咨询师——著
王倩倩——译

南海出版公司

图书在版编目（CIP）数据

一辈子不愁钱的活法 / （日）心屋仁之助著；王倩倩译．-- 海口：南海出版公司，2016.5

ISBN 978-7-5442-8303-8

Ⅰ．①一… Ⅱ．①心… ②王… Ⅲ．①心理学－通俗读物 Ⅳ．①B84-49

中国版本图书馆CIP数据核字（2016）第088151号

著作权合同登记号　图字：30-2016-023

YIBEIZI BUCHOUQIAN DE HUOFA
一辈子不愁钱的活法

作　　者　［日］心屋仁之助
译　　者　王倩倩
责任编辑　曾科文　侯　娟
特约编辑　杨丽娜
封面设计　一诺·闫薇薇
版式设计　李　洁
内文制作　姚梅桂
出版发行　南海出版公司　电话：（0898）66568511（出版）　65350227（发行）
社　　址　海南省海口市海秀中路51号星华大厦五楼　邮编：570206
电子信箱　nhpublishing@163.com
经　　销　新华书店
印　　刷　长沙超峰印刷有限公司
开　　本　787毫米×1092毫米　1/32
印　　张　6
字　　数　86千字
版　　次　2016年6月第1版　2016年6月第1次印刷
书　　号　ISBN 978-7-5442-8303-8
定　　价　35.00元

成为不愁钱的人

这本书教你一辈子不愁钱的活法

你是怎么看待金钱的？喜欢钱就是唯利是图、贪得无厌……害怕被别人知道自己其实很爱钱，但止不住想要钱。

其实，没有人不在乎金钱。起码，在我的心屋塾里或者每个月的心灵成长的讲座中，大家都很关心关于赚钱的内容。

你也想当有钱人吧？想有非常多非常多的钱吧？我在为大家做心理咨询时也发现很多人“因金

钱而烦恼”；很多人都幻想“要是我有钱，就可以……”

曾经我也和你们一样，特别辛苦地挣钱。金钱的重要性，我深有体会。不过现在我已无需为钱而烦恼。

在这本书里我要告诉大家，曾经因没钱而焦头烂额的我到底是掌握了什么方法才变得“不愁钱”了。

还在做心理咨询时，我就已经开始构思这本书了。

不过，如果你想要读一本理财书，就不要往下翻了，这本书不适合你。它不能使你马上腰缠万贯，日进斗金（应该说这不是读这本书的真正目的）。

但是，如果你想此生不必再因钱而烦恼，那就一定要读读这本书。

“没有钱心里没底”“要是有钱我就能过上更好的生活”“我怎么老是那么穷！”“有钱人都是混蛋！”“好羡慕那些不劳而获的家伙！气死人了！”……

这样愤世嫉俗、固执己见只会气坏自己，倒不如学会赚自己该赚的钱。

好了，接下来就让我们一起探讨下金钱吧。

在正文之前，还有些话想对大家说。

书店里摆放着很多书告诉你“如何成为有钱人”“如何赚钱”“经典理财方法”。这种书摆放得多说明销路好，销路好就说明读过的人很多。

但是这些人最后有几个真成了有钱人呢？大多数人还是没成有钱人吧，不然怎么还会源源不断的有新的理财书出版呢。这本书的读者中，肯定也有人读完书还是穷。

明明读了如何成为有钱人的书，为什么却还是穷？因为你只是学到了有钱人的“手段”。成为有钱人不在于掌握多少“手段”，“思维”才是关键。

想要不愁钱，要转变的不是“手段”而是“思维”。

其实，没钱说到底是一种“思维”。

我想传达给大家的就是这种“思维”而不是某种“手段”。不是“doing”（手段）而是“being”（思维）。学了很多“手段”却依然无法成功，是因为你的“思维”不对。“思维”转变了，你的“手段”也随之自然而然地转变了。

“思维”是做事的“原则”。

请先转变你的“思维”（**基础思考方式**）吧。为了达到这个目的，我写了这本书。

每个人内心深处都有固有的“原则”。

有人生性悲观，有人固执偏激，有人过于努力，有人轻信他人……

我不是说有固有的思维方式不好。有自己的一套逻辑是好事，大家也都有自己的固有思维方式。我只是想在这本书里告诉大家，如果你为钱而烦恼，生活过得很艰辛，那么只要稍微转变下思维方式，就能轻松过上不愁钱的生活。

既然是固有思维，你尝试改变一两次很可能又会回到原有思维方式中。而且，“真理”往往是简单而相通的，所以重要的理念我会反复强调。

看完了这些，思维方式一定要反复练习。反复多多练习，你内心关于金钱的“原则”就会转变。这种练习实质是“练心”，

心练好了，你看待金钱的“思维”转变，“手段”也随之变化。

只要勤加练习，你就一定会渐渐不再为钱苦恼，因钱而不安，被钱摆布人生。

等你蓦然回首时，忽然发现自己早已实现财务自由，不再需要拼命赚钱。别怀疑，一切水到渠成，你也会有那么一天。

2015 年 2 月

心屋仁之助

目录

contents

第三章 为什么钱不来呢？

第四章
什么是金钱进账的理想状态?

第五章 养成吸引钱的好习惯

第一章
你如何看待金钱？

嫌钱脏？钱也不会爱你

首先，与大家交流一下对于“金钱”的看法。

谈到“金钱”，你的印象是什么？换言之，在这里要明确一个大原则，“金钱”在你心中真正的价值是什么，你拥有什么样的“金钱观”。

第一组问题：

你觉得钱是伟大的还是肮脏龌龊的？

爱钱是好事还是坏事？

赚钱不费吹灰之力的人是好人还是坏人？

针对这三个问题，如果你的回答是“伟大的”“好事”以及“好人”，那么你对金钱抱着肯定的态度，反之则是抱着否定的态度。

老实讲，选择否定回答的人比较多吧。比如说，你心里可能这样想：赚钱不费吹灰之力，怎么可能！想要赚钱必须付出辛苦与汗水！有钱人背地里都不干好事，我才不稀罕变成那种人……

如果这三个问题，你的回答有的肯定有的否定，那么再看接下来的问题，你就会清楚自己到底属于否定金钱派还是肯定金钱派。公司里的上司不怎么工作，工资却比你高，你心里作何感想？是觉得“他太棒了！我也想这样”？还是内心不平，特别郁闷？

大部分人都会觉得很郁闷吧。

遇到这种情况心里郁闷的人，对金钱实际上抱着否定的态度。郁闷代表着你内心的潜台词是：“凭什么你赚钱那么容易（不可原谅）！”

相信这位不怎么干活却工资很高的上司已经帮你发现内心对于金钱的真实想法也就是所谓的金钱观。

我现在自己开公司，也可以算是不怎么工作却赚很多钱的上司。

其实社长的工作就是玩。

这样简略地概括可能会让人误解，换句话说，社长的工作是开拓视野，增长见闻。通过各式各样的玩乐与交流，社长的头脑会越来越灵活，在外的丰富见闻有利于更好地经营公司。

社长不是每天看守公司大小事务的管家。在公司里碍事，那就为了公司多出去走走，长长见识。

可能在公司职员看来，社长“只知道玩”“什么活儿都不干”“赚的还比我多”“真讨厌”。

但是（我相信），明白的人一定会明白。

刚才那个公司上司的例子也是同样的道理。人家说不定在你看不到的地方为公司做出了难以想象的贡献。

不过，上司到底为公司做没做贡献不是重点，毕竟那是别人的事与你无关。我们要注意的问题是你对爱赚钱的人、赚钱容易的人以及有钱人到底抱着什么样的价值观（＝内心的原则）。

无法原谅赚钱容易的人。

爱赚钱是低俗的表现。

金钱是肮脏的。

讨厌爱赚钱的人。

唯有努力方能获得金钱。

你要是一直这么讨厌钱，钱也不会爱你。潜意识里否定金钱就无法累积财富，因为你的内心是抗拒累积财富这一行为的。这就好像讨厌香菜的人，家里绝对不会有香菜。

不要考虑如何省钱，而要思索如何花钱

先和大家聊点题外话。一位叫做藤野英人的学者曾写过一本书叫做《“钱”以外投资者更该重视的事》。我读后感受颇深，就这本书的内容与大家谈一谈日本人的金钱观。

大家知道一个日本人一年到底捐多少钱吗?

在日本，成年男性的年平均捐款额仅为2500日元!而美国人的年平均捐款额则达到13万日元。这个数字并不包括美国亿万富翁们的捐款，只是一般美国人的平均捐款额。据说在美国，一般人都会捐赠自己收入的3%，而日本人的仅占收入的0.08%！

哈佛大学毕业生年捐赠总额为800亿日元，东京大学毕业生的年捐赠总额为20~30亿日元，仅为其四十分之一。读完这些数字，你能感受到日本人是多么不愿意花自己的钱了吧。

讨厌自己受到损失、把钱看得很重、不愿为别人花钱——这大概就是日本人的金钱观。

美国的成功人士大部分都参与慈善活动，并捐赠巨额善款。富人就是对社会贡献突出的代名词，受到人们的尊敬。

美国人的印象里，富人或是金钱这样的词汇隐含着慈善的意思。但是在日本，多数富人不太做慈善（也可能是我不知道），因此普通日本人潜意识里，富人＝唯利是图，那些有钱人肯定背地里干了不少坏事。这种对富人的坏印象根深蒂固，即使有些有钱人热衷慈善，也被认为是“沽名钓誉”。

那么从这个现象中我们可以得到什么结论呢？日美两国人对待金钱的态度反映出各自内心对金钱的“原则”是不同的。

具体来说，大多数日本人不认真花钱，只会竭力省钱；而美国人则恰恰相反。

不要考虑如何省钱，而要思索如何花钱。

是为社会做出贡献还是攒钱安心？那么多日本人拼命攒钱，恐怕是因为潜意识里有这样一个“原则”在作祟：挣钱不容易。

所以，请专注于花钱，哪怕你对钱的看法改变一点点，你的财产状况也会逐渐变化。这就是所谓的“意识”决定“行为”。

现在让我们思考下这本书的主旨。

关于金钱的用途，在本书中之后几章会有详细的描述。

我希望通过这一章大家能够明确自己是否厌恶钱，自己的金钱观是否积极。

金钱没有“好坏”之分

上文提到过，大多数日本人对于金钱抱着消极的态度。大家对钱心怀成见：“挣钱不容易”“金钱是肮脏的”“天天嘴上提钱很粗俗”“有钱人都不是什么好东西”。

请大家思考一个问题：你想成为“肮脏的富人”还是“高贵的穷人”？

“肮脏的富人”可能爱显摆又小气，只考虑自己不顾别人，背地里干过不少坏事，唯一的优点就是有钱；“高贵的穷人”非常正直，不浪费，自尊自爱能够抵御诱惑，可惜他很穷。

你想成为哪一种人？如果是寻找合作伙伴，你会选择哪种人？挺难选的吧？相比较而言当然还是“高贵的穷人”比较好。

那再思考第二个问题：如果“肮脏的富人”捐了几亿日元，他算好人还是坏人呢？用钱帮助了需要的人，他算好人吗？但这钱是不义之财，他还是算坏人吧？到底是好人还是坏人？好混乱啊。

“高贵的穷人”是好人吗？应该算好人吧。可惜他没钱，没钱就无法捐赠，更无法对社会做出贡献。面对饥寒交迫的人，他可以嘘寒问暖，但却无法出钱真正帮助别人。

而“肮脏的富人”却有钱，只要他有想法就可以捐出一大笔钱，资助许多饥寒交迫的人，为社会做出实际的贡献。

这两种人，到底哪种更好呢？

天，是不是觉得更乱了？

为什么会变得这么麻烦呢？因为这里区分了钱的“好坏”，所以简单的事情变得复杂起来。

假设面前有 1 万日元，它是客观存在的，既不是“好的 1 万日元”也不是“坏的 1 万日元”。钱就是钱，大家的钱都是一样的。

给它贴标签，定义它是“好的 1 万日元”还是“坏的 1 万日元”的人是你。是你自己擅自区分钱的“好坏”，把简单的事情复杂化了。

所以，不要主观臆断“好坏”，没必要追究所有钱的来源。不管是“好钱”还是“坏钱”，只要财源滚滚就好，你只需要关心如何好好花钱。

金钱不断流入，不断流出，越早形成良好的“金钱流”越好。让金钱在社会上流动起来，只要你身处这样的“金钱流”中，钱就会源源不断。

听着挺不可思议的吧？实际上却是一条真理。金钱就仿佛是河水一般，有来自上游的新鲜淡水不断补给。

可惜大家常常为了自己截住河水，筑起水池，不让水流走，于是产生了纷争。

别犹豫！放手花钱！让钱轮回流转，循环往复。

不要妄图阻断河水流动，上游的水自然会流入。钱也是，放心花，必要的钱自然会来。形成了这样的循环就自然不愁钱了。

我知道看到这里你肯定还是心存怀疑，以前我也不信。从小到大，我们受到的教育是这么说的：钱花了不会再回来，没钱来就越来越穷。

不需要强迫自己理解，现在开始明确地告诉自己“花了就会来新的”。

花钱的时候，一定要相信“花了就会来新的”。

就算不相信，也要先记住这句话，因为它可以帮你摆脱“赚钱很难的思维方式”。

第一章就先写到这里。在本章中介绍的理念大家一定要记住哦！

小结

* 不要对金钱抱有否定的态度，比如嫌钱脏，觉得提钱很粗俗，有钱人背地里都干坏事等等，否则钱不会来找你。

* 大多数日本人因为内心不安而努力攒钱。

* 不要只想着怎么“挣钱”，多想想怎么花钱，特别是为社会、为有需要的人花钱。

* 钱没有“好坏”之分。

* 建立循环往复的“金钱流”，金钱手到擒来。

* 放心花钱，必要的钱自然回来。

* 转变想法，用“不愁钱”的思维方式考虑问题。

第二章 钱究竟是什么？

你花钱是为了得到什么？

大家都想有钱吧？我也想有钱。为什么大家想有钱呢？因为有些东西需要用钱才能换来。大家先有想得到的东西，然后才想有钱。

那么你到底想用钱换什么东西呢，出国旅行、每天吃法式大餐、名牌包、高级服装、心仪的汽车、放松美容，还是顶级烤肉自助？

你买到想要的东西后，到底得到了什么？比如说买到了名牌包或放松美容后，你得到了什么？

有了钱，就能买心仪的物品；有了钱，就能吃豪华大餐；

有了钱，别人都羡慕你；有了钱就能去很多地方……商店里的店员们视你为重要客户，你感到很满足，于是，你不再不安。

所以，你真正想得到的不是钱，而是钱给你带来的安心。

“有”就意味着可以“自由选择”。钱给你带来的是无需忍痛将就的爽快，随心所欲的快乐。再也不会因为钱而错失心中所爱，再也不会因为钱而痛苦而悔恨而不甘。生活自由而丰富，没有什么能限制你，想想都觉得高兴吧？

其实如果你平时活得安心自在，觉得“自己很自由”，钱什么的也就显得不那么重要。你不会再被金钱摆布，不会一天到晚想着钱的事儿，不再那么渴望有钱，不再和别人计较钱，不再因钱与人争吵……这样心安的你就算没有钱，也不会不安、害怕周围人把你当作傻瓜。

为什么呢？因为你认为自己是自由的。有“我不自由”的感觉是因为你首先有“我没有”的想法。只要你心里认定自己“有”“钱源源不断”的话，你的心就变得自由了。别不信，这真的是自己可以决定的事情。

你相信自己“有”，内心安定，不再执着于金钱。然后你的生活真的不被金钱所困，财源滚滚，“想要钱”的欲望越来越小。

想要钱，钱不来；不想要钱，钱却源源不断，这就是事与愿违。

这与上文说的“钱越花越来，有出自然有进”是一样的意思，所有的事情都与你原来的想法相反。

我知道你现在还不太理解其中的道理，不妨先清空自己的固有思维，由“不明白”变为“原来是这样啊”，记住这个概念。

收入反映出你对自我价值的认同程度

内心安定，相信自己“有”，换一个通俗的讲法就是我们常提到的“自信”。

越是安定，越是对自己放心，自信心就越强。自信心越强，紧张不安就越少，没钱也不害怕。就算穷，只要相信自己“有”，就能获得别人的认可与珍惜，安心而从容，这就是所谓的自信。别人说“不，你没有”，那只是他不知道而已。人是不断变化的，等他们发现时便会对你刮目相看说：“我以为他没有，原来有过的。”

无论是金钱、爱情、富裕、自由，还是魅力和能力，你都有，只是不知道而已。

你只是现在还“看不到”，金钱（富裕）如同空气“看不见、摸不着却客观存在”。

相信“有”，就算没什么钱也可以做想做的事，穷也不自卑。形成这样的想法后，你不再执着于金钱，必要的钱自然会来。这就好像空气，虽然我们无时无刻不在呼吸，屏住呼吸其实也不会出什么事。

所以别担心什么，只要意识到自己是自由的，生活会变得富裕起来。也就是进入了“吸气也行”“呼气也罢”的状态。

自信的程度就是富裕的程度，也就是收入的程度（知道自己会收入多少钱）。

反过来说，没自信的人一旦没有钱就会很害怕，很容易陷入“不努力就挣不到钱”的迷思中，总是惴惴不安。

因为不安，所以想要钱；因为不安，死攥着钱不放；

因为不安，钱来了也要拼命攒钱。攒来攒去，心里只会越来越不安，不管有多少钱都觉得不够（钱和感情都是如此）。

总之，自信的程度等于收入程度，自信程度就是安心程度，安心程度代表着内心“开放”程度。下面，整理一下这些概念：

收入＝自信程度＝安心（内心的开放）＝对自己“有”的认同感（价值）。发现了吗？收入其实是你自己决定的。

没有感到收入以外的充裕，手上的现金不会增加

“刚才说的不对。收入怎么会是自己决定的呢？全是公司决定的。你看，工资制度都是由公司人事定下的。”

“我打多长时间工赚多少钱，时薪店长说了算。”

“我是家庭主妇，压根就没有收入。”

……

或许大家有许多反对意见。但是，请思考一个问题：金钱＝工资吗？难道钱仅仅是所谓的工资或者打零工赚的钱?

如果认定“金钱＝工资＝现金”的话，无论集聚多少现金，都满足不了自己。因为“物质”是无法让心灵满足的。

沉下心，聆听最真实的心声。你真正想要的，是安心与心灵的充实吗？钱或许能换来这些，所以才想要钱的吧？那么这里我们追求的金钱就不仅仅指现金了。下面咱们再讨论下金钱带来的充实与安心。

上文强调过不是有钱了才安心，而是安心了钱才来。也就是说不是公司决定你的收入高低，而是你按照自己的安心程度，使公司定下你的收入。

这本书不会传授什么赚钱的“手段”，而是想让大家明白关于金钱的“基本原则”。首先要改变对金钱的态度，态度改变了，流到你这里的钱的循环方式也会变化。

其实作为金钱的一部分，现金会不断流入你的生活——这个秘密可不要声张出去。听我的话，试着改变自己的想法，忽然间公司给你加薪了，意外之财突然出现，亲戚留给你一大笔遗产……收入因许多意想不到的事情提高，生活充裕富足。我周围常有这样的情况发生，在心屋塾，这样的事情太多，大家都习以为常了。

再重申一遍，这本书不教你如何挣钱，改变心中的“原则”，钱自然来。一切就是这么简单。

金钱只是你内心“开放度”与“安心度”的晴雨表，所以“老想要现金”的人，认为“金钱＝工资＝现金”的人，请相信我的话：有时候，你需要跳出自己的“常识”，从其他角度审视问题。

“存在收入”——不做事也能获得好的收入

回到之前说的话题：收入反映出你对自我价值的认同程度，你对自我价值的认可度高才能获得较高的收入（**收入是认可度的标志**），也就是充裕和安心导致手上的现金增加。

那么你对自我价值的认可程度有多少呢？请试着回答下面这些问题。

你现在是植物人状态，丧失了工作能力，对社会没有贡献，也没有任何成果，净给别人添麻烦，那么你还能得到多少钱？

换句话说就是婴儿或昏睡的病人。不是问这样的自己有多少价值，而是有没有价值。答案就是你对“自我价值”的认可程度。

而自我价值的具体表现就是“存在收入”——你没有任何作用，净给别人添麻烦，浪费资源还能得到的收入就是“存在收入”。

那么你觉得自己值多少呢？每月20万日元，5万日元，还是100万日元？

我在心屋塾里问大家这个问题时，不少人的答案是0日元。问题的答案就是你对自我价值的认定。回答0日元的人，认为自己没用时自我价值是0日元；回答20万日元的人，认为自己没用时自我价值是20万日元。这部分价值就是你自认为的基本收入。

“存在收入（基本收入）低的人，认为自己的价值低（也就是自信心不足），所以会更加努力地提高自己的价值（雇佣收入）。”做有用的事，努力得到成果，讨人欢心，为别人竭尽全力……如果什么也没做到，就得不到钱。努力才会得到相应的回报，不努力就没有钱来。

反过来说，如果先得到钱，就一定要做点什么等价的事作为回馈。于是，不认可自己只好努力、努力，更加努力。可惜不认可自己的价值无法获得金钱，即使更加努力了但还是没有效果；而因为没有效果，更加不认可自己的价值……（反复循环）所以始终逃不出贫穷的怪圈。

"雇佣收入"——努力工作才能获得的收入

通过努力获得的金钱是"雇佣收入"。"存在收入"低的人，必须赚"雇佣收入"。

"存在收入"为0的人，收入全部依赖"雇佣收入"，所以不得不工作。为了让自己心安的必要钱全部靠雇佣收入（**努力才能获得的收入**），这样的你一直要工作到死。不管是身体还是心灵都会受到破坏。

我之前就是这样生活的。就算努力到死，对自己的评价还是很低，永远得不到自己的认可。

没必要看不起自己。究竟是从何时开始，你如此低估自己的价值呢？是不是别人说你没有价值，你就真的相信他的话了？别人说你“没有价值”，那是他个人的想法，与你真正的价值无关，这只是他的主观臆断。

自己的价值自己决定，你不要武断地认为自己“没有价值”。请提高自己的“存在收入”，至少自己要发给自己很高的“存在收入”。

希望大家记住：自己不工作，无贡献，什么也不做，也应得到很多。“允许”自己，即使天天睡觉，每个月也可以得到50万日元甚至100万日元。

相信这句话，你的金钱流就会发生变化，真的刷拉一下就变了。

我以前觉得自己的价值是每月10万元，所以我特别努力，存了很多钱。我越来越努力，钱却只能无限接近一

条界限，始终无法突破。当时我怎么也想不明白，已经拼尽全力了，真的没有办法再努力了……（已经无能为力了）

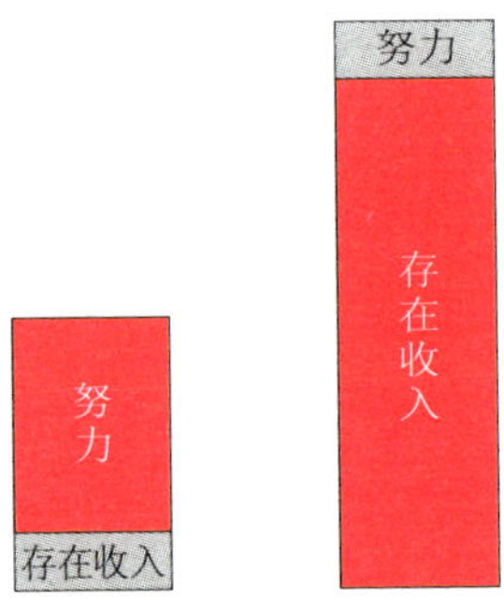

忽然间我意识到自己的思维方式，于是我不再努力，说服自己相信“我是有价值的”。当决定要这么想时，我其实还不理解“自己不努力也有价值”，但是我强迫自己接受这样的想法。

一切都出现了逆转。努力做事赚钱，金钱难以增加，做这做那不想让钱变少，努力无法提高“雇佣收入”，不努力却能提高“存在收入”。你没有听错，不努力，“存在收入”会增加。

总之，不努力也没关系，不拼命赚钱也没关系，没什么成果也没关系，没用也没关系，没帮公司赚钱也没关系，不讨别人开心也没关系。就算不努力你也值得被爱，也应该被承认。记住“别害怕，一切都会平安无事的”。

请记住不要“想成为什么”，而是“已经是这个状态”。

然后你就会很安心，自己是被爱的，已经得到恩惠，生活充裕富足，受到大家的认可。

请坚信自己“不是有一天变得有价值”，而是当下这个瞬间，昨天，过去，甚至是几十年后的未来一直都有价值。请承认自己的价值，提高自己的“存在收入”。不，是“知道”自己本来价值就很高。只要相信这一点，你的金钱流就会发生很大的变化。

现在实在没办法理解也没关系，现在只要告诉自己“原来是这样啊”就好了。如果心里怀疑“这是真的吗？”“真的假的？”那就反复劝说自己“我非常认可自己，我非常有价值”，直到自己相信为止。终有一天会有意外之财扑通一下掉到你眼前。

我也是突然有一天眼前“扑通一下”，所以大家可以期待哦。这就好像大家看电视用遥控器，你不理解其中的道理，只要相信它可以换台就好。

“存在收入”提高，金钱的“状态”也会变化，只要这样你就会充实而富裕。

 金钱并不“等价”于劳动

只要认为金钱与劳动、讨别人欢心，又或者是等价于起到的作用，那么你就会一直努力工作来增加金钱。

劳动价值＝雇佣收入。如果认定金钱＝劳动价值＝雇佣收入，那么你增加收入的方式将会以破坏身体和心理为代价，因为你坚信不那么做就没法儿赚钱。

金钱并不“等价”于劳动，也不是给予后的回馈。当你不做任何事，不给予任何东西，也不交换什么时，你对自己的肯定程度决定了你的价值，也决定了你的金钱。这就是你现在必须要建立起来的“金钱观”，有了这样的金钱观，你的“金钱流”也就开始变化。

首先相信自己什么不做也值得“富裕”，也该有钱，然后才是努力工作或者讨人喜欢。带着这样的想法，钱自然会流入你的手中。明白了这个道理，你就再也不怕花钱或者给别人钱。越花钱，越富裕。

因为自己有价值啊！因为我爱自己啊！因为我承认自己啊！

就这样，心情越来越好，钱也流通自如。

只要相信自己有价值，什么都很好，别人也会给予你。当你相信是自己有能力给时，你就踏入了富裕的世界。

想要变得富足，不是提高自己的“雇佣收入”而是“存在收入”。

读到这里你是不是心里嘀咕“真的假的！简直不敢相信！”这说明你相信“我没有那样的价值”。

为什么你会有这样的想法呢？从什么时候开始你有了这样的想法？是谁说了什么让你如此看待自己？

比如家长说“不听话不给你压岁钱”，这其中就传达出金钱是“等价”的想法。

从今天，从现在开始，相信“我什么都不做也值得充裕富足”，就好像儿时什么也不做照样有压岁钱一样。即使现在不信，也请“试着”信，试着说：“不劳动而富裕也可以”。

这就是“练心”，一切改变与美好从此开始。

有钱人“存在收入”高的理由

在前文已经多次强调过，金钱并不等价于劳动。它既不等价于你满足的顾客数量，也不等同于商品的价值与服务的品质。不过我知道，肯定有很多人和你说过“金钱等价于劳动”，他们的想法决定了他们的说法。

偶尔有些人能通过努力赚到很多钱，但还是有很多人努力满足别人的需求却还没钱。很奇怪吧？当一个人认为自己没有任何作用还有价值时，他认定自己的价值与得到的金钱是成正比的。相信这一点的人，就算没有工作，生活还是很富裕。

还是不能理解？钱不是工作后的酬劳吗？不工作明明就没有钱。

你有这样的念头？那么我希望你重复上文里提到的话，否则无论何时钱都不会来找你。

再告诉你一个思考方法。

有一个女子，她的丈夫是有钱人，她不工作但很有钱。她比一般人更努力吗？她的工作状态与得到的金钱相称吗？她起早贪黑没日没夜地工作吗？

如果金钱等价于“劳动”、顾客满意度或努力后的奖励的话，那她应该很穷。因为她没有出社会挣钱，不讨大多数人喜欢，也不提供服务（家务什么的很可能也有用人帮忙）。

但是大家还是认为她是个有钱人。为什么呢？因为这位女子作为妻子从丈夫那里得到钱是理所当然的事。

她绝不会说："不好意思！我什么都没干，这样拿钱好吗？"

妻子认为自己得到这些是理所应当的，她的"存在收入"很高，所以，妻子也是有钱人。

我的妻子是我公司的职员，她每月的工资也很多，但是我妻子从来没对我说过"不好意思"。

我曾经问过她："你做我公司的职员赚了不少钱吧。不觉得自己工资太高了吗？""我为什么要这么想？"她回答道。你看，我的妻子也觉得这是理所应当的。

"存在收入"高，与"存在收入"相对应的金钱自然会来。实际上即使是在公司，对方愿意接受也是十分难得的。在我的公司接受工资也是她的工作之一。

主人每天喂家里的猫吃饭，在猫看来这是理所当然的事。它每天照吃照睡，从来不会对主人内疚，想"实在不好意思，今天又麻烦你准备猫粮和我睡觉的地方了"。

认为得到是理所当然的，这样才会富裕。就是这么回事。

想以后不再为金钱烦恼，只要承认自己的价值，提升“存在收入”就好。很简单吧？从现在就开始这么想吧！看到这本书后，马上开始。快！现在！立刻！

请你记住：“你总归是有价值的。就算什么都不做也是有价值的。不需要努力勉强提高雇佣收入。”

只要这么想了，存在收入就会提高。没办法马上理解没关系，多重复几次。这是思维方式的练习，是在帮你“练心”。一定要多练：“我总归是有价值的，本来就该有钱。不努力也没关系。”只要这样对自己说就好，只要这样做就会有钱，之后只要观察收入这个晴雨表就好。如果“收入”还是没有增加，那说明你还是认为自己没价值，还是“看轻”自己，“仅此而已”。

小结

＊有钱意味着有“选择自由”权。希望有钱代表着不想忍耐，希望安心而喜悦地随意选择自己喜欢或想要的东西。

＊就算现在穷，只要相信“有”“会来”，钱自然会来。

＊收入反映了对自我价值的认同程度。

＊谁都“有”金钱、富裕、爱情、魅力。一定要相信这句话。

＊自我评价低就得不到钱，承认自己的价值，钱就会来找你。

＊金钱不等价于劳动，它不是你努力后

获得的奖励或者是提供了什么之后得到的回报。

* “存在收入”反映了你派不上用场只能添麻烦时的自我价值。

* 越是有钱人，“存在收入”越高，他们都相信自己本来就该有钱。

第三章
为什么钱不来呢?

因为你不接受

“我想要钱！只要有钱，失去什么都没关系。想钱想得快疯了，好想被埋在钱堆里！”既然这么想要钱，如果真的有富人给你一大笔钱，你会怎么做？

我想大家肯定会说：“当然开心地接受啦。”

但实际上，大家却是这样的：“别、别这样。我不要。”“你没有理由给我钱，我也没理由收下。”“可不能收，谁知道他想要什么！”“给我这么多钱，难道是想对我不轨？”“谁知道背地里打的什么鬼主意！”“这种来路不明的钱，我才不要。”

你会特别害怕地拒绝。好奇怪，不是很想要钱吗？怎么反倒拒绝了？天上掉下来一块大馅饼，为什么不要？明明很喜欢钱，钱却不来，因为你拒不接受。因为你觉得自己不配得到那些钱。你觉得自己不工作，没有付出汗水与辛劳就没有价值，不配有钱。不劳而获实在不好意思（**到底对谁不好意思？**）。这样的我没有接受的价值与理由。就算接受了也无法给予相应的“回馈”。

在上一章也和大家分享过这个问题。因钱而苦恼的人，给自己的“存在收入”很低。因为相信自己没有价值，所以不接受富裕。这是不合适的思维方式，也就是心导致的。穷人就是一直用穷人的思维方式思考，富人则一直用富人的思维方式思考。不同的思维方式决定了日后不同的境遇。

想选择哪种思维方式是你的自由，我不会强迫大家，请你选择自己喜欢的方式。但是如果你想这一生活得随心所欲不愁钱，那就请选择富人的思维方式，这样你会很轻松。

我写这本书就是想帮大家改变固有的思维方式。听我说了这么多，如果你想改变，那就现在开始吧。就算现在还不理解，也请你试着改变，最终事实会告诉你谁是对的。

之前的思维方式是如何形成的？

让你远离金钱的思维方式是如何形成的？你为什么会有这样的思考方式？这多半是成长环境导致的。

人都有自己的思维方式和看重的东西。100 个人，有 100 个人自己的思维方式。但是刚出生的婴儿是很简单的，没有任何固有思维。想想你自己，刚出生时，你就对自己的评价很低（＝“存在收入”低）吗？

我是到现在为止还没见过任何一个刚出生的婴儿特别悲观、性格孤僻、没有自信或者为别人奉献一切。刚出生时，我们都是白纸一张，没有任何固有思维方式。

金钱观也是如此。

没有任何一个婴儿刚出生时就很抠门、浪费、否定钱（或肯定钱）。如果你现在因为金钱而不安，很小气或者否定钱的话，这并不是你与生俱来的气质，而是后天慢慢养成的。在成长的过程中，被教会的、看到的、听到的、亲身经历过的种种，渐渐造就了我们的金钱观，让我们懂得如何赚钱与花钱。不同的是有钱人“学会”了有钱人的思维方式，穷人则“学会”了“钱会变没的思维方式”。

身处环境给予你的价值观，这就是所谓的思维方式。说得通俗些就是你心中的“基本原则”。

你的“基本原则”决定了如何为人处事。比如：不努力就赚不来钱，如果攒钱关键时刻就得倒霉，等等。你一直遵循着这些消极的“基本原则”为人处事，结果你的钱也按照你的想法，不付出辛苦，钱就不来，一直害怕“天有不测风云”，怎么攒钱也不自由、无法安心。潜意识里觉得钱是污秽之物，赚不来钱。

“基本原则”决定了思维方式，思维方式又导致了相应的现实。

消极态度的背后隐藏着家人的想法与做法

直到现在你还是被这样的“基本原则”纠缠着。如果不改变，儿时形成的消极金钱观会一直跟随你到成人，甚至影响你的后半生。这就好像漫画史努比里描写过的“莱纳斯的安全毯”一样（史努比家隔壁有一位邻居叫莱纳斯，他整天抓着一条毯子不放。因为这条毯子是他婴儿时期一直用的，只要抓着这条毯子他就很安心）。那些“基本原则”对你来说是理所应当、无需任何怀疑的常识。

但是如果你不想再因为钱而辛苦，不想再被钱奴役，请开始怀疑那些“基本原则”吧。正是它们导致了你的“金钱问题”，所以赶紧撇下。你一直抓着的“莱纳斯的安全毯”也就是“基本原则”，已经坏了。

毕竟你要改变现在所处的现实，毕竟你不想为钱辛苦，因钱不安，被钱摆布，你想自由不是吗？毕竟你也想给自己一个富足安乐的人生不是吗？

所以，请扔掉那张从小就一直陪着你，已经深入你的意识深处的安全毯吧。如果你不扭转自己的想法，还坚持你“身处的现实”造就出的“基本原则”，那么你的未来不会有改变，只是“现在”的延续而已。

想要破坏“基本原则”，需要做什么呢？

首先——也是最重要的——是追本溯源，你对金钱的消极印象，是从哪里开始形成的？老想着赚钱是肮脏的，不该花钱，赚钱很辛苦……回想一下，你是在哪里，因为什么而产生了这样的印象？

大部分人是因为家人的想法或做法而认为赚钱或花钱是不对的。回想一下，家长老说“家里没钱”，爸妈总因钱吵架，亲戚借钱导致家里过得很辛苦……应该有不少人都经历过这样的事吧。

是不是有人也想起，小时候喜欢的玩具买不起，两个东西就算只差1日元爸妈也一定会选便宜的？

是不是还有人想起，小时候喜欢朋友家的玩具羡慕得不行，却忍着不敢和父母说“我要买”？

大家关于金钱是不是都有悲伤却又无法忘记的童年回忆？

孩子们看到父母那么辛苦地赚钱，不想让父母劳累，即使想花钱也都忍着。

“没事儿，我不想花钱。别担心我。”很想要钱还是一直忍着，一心想帮助父母，不想让他们担心。孩子都不

想让父母伤心，害怕父母扔下自己，希望父母承认自己，不想做父母的累赘，于是只好忍着。然后你也对钱关上了心门。

关于金钱的“基本原则”你现在的思维方式源自于家人的影响。再深入一层，这种思维方式源自于你不想被父母抛弃，希望他们爱你。

唯有原谅过去的自己方能破坏“基本原则”

上文提到过破坏“基本原则”的方法首先是找到导致其形成的根源，也就是家人的影响。回想一下关于钱的痛苦回忆。

当你揭开这些尘封多年的往事，请温柔地安慰自己：“一切都过去了”“别担心”“他们一直很爱我”“给我钱是应该的”。这样反复告诉自己，你就会渐渐放下那些“基本原则”。下面我给大家举个例子。

有一位从我的心屋塾毕业的女性，小时候，母亲生病了，家里没人做饭，小小的她心里特别不安。哥哥拼全力地做饭，但毕竟他也只是个小孩子。而她什么忙也帮不上只能不知所措地饿着肚子站在一边。她不安地想："要是有钱就什么都能买，哥哥也不用这么辛苦了。"

要是有钱，就能想买什么就买什么；要是有钱，哥哥就不用那么辛苦；要是有钱，我就不会这么没用；要是有钱，我就不会净给家里添麻烦；要是有钱……

这段童年时的回忆致使她对金钱极度不安。长大后的她发现这原来是不安的根源，于是重拾这段往事，这样安慰自己："很辛苦吧，很不安吧，肚子很饿吧？一切都过去了，全都过去了。"想让自己明白一切艰辛都已过去，然后继续安慰自己："哥哥和母亲当时都很幸福，他们不曾讨厌我也从未觉得我是个麻烦。他们一直很爱我。"

破坏"基本原则"其实就是放弃曾经紧握不放的过去，也就是原谅过去的自己。

现在之所以有消极的思维方式，是因为你在责备过去的自己。所以原谅过去的自己，不要再嫌弃自己不行或者没用，别拿过去折磨自己。

记住，要这样对自己说："你是一直被爱的，无论是过去、现在还是未来，你永远被爱着。"

只要原谅了自己，你的思维方式就会改变，一直紧抓不放的"基本原则"就会坍塌。

如果你一想到钱不知怎么的都是消极的态度，那就好好回忆一下过去，探寻其中隐含的悲伤回忆。如果遇见无法原谅的过去的自己，请你原谅他，善待他。你被原谅了。你不曾有罪，从一开始，就没有。"你是被爱的，无论何时，此爱不变，直到永远。"

一定要反复在心中练习，直到你真正能对过去放手。

努力了，所以无法富裕

为什么没有钱？因为你不肯接受。这只是原因之一，还有一个决定性的原因是你太“努力”了。努力的人得不到钱，想想好可怕，明明想尽办法努力了。

为何会如此？因为努力的人“存在收入”低。

之前有提到过“存在收入”＝收入。存在收入低的人，只想着努力提高“雇佣收入”。

当我还是个上班族时，整日埋头工作，疲于奔命。如果不工作，就觉得自己没有价值（**也就是“存在收入”低**），每天拼尽全力，即使攒了些钱也担心“没钱”，害怕“钱没了”。坚信不努力钱就不会来的人，不努力钱真的不来。因为“基本原则”导致了相应的现实。

一直努力、努力，再努力……但人不是机器，不能365天24小时一刻不停地运转。

你很怕松懈下来又会变穷，只能不断地鞭策自己。就好像在不停向下的手扶梯上向上跑，拼尽全力了或许能向上升，但是要休息一下立马会向下退，这样永远都到达不了顶端。其实旁边明明有向上的电梯啊，明明有明白人在大声告诉你：“喂！走这边！（不用那么努力！）”

是你自己选择了向下的手扶梯，因为你觉得自己不努力是赚不到钱的（**我这种人不努力在向下的手扶梯上向上跑是无法向上的，而且这样做是高尚的。自己不是那种偷懒耍滑的人，绝不贪图轻松乘向上的手扶梯**）。明明有捷径却执意选了艰辛、需要“努力”的路。

放弃凡事靠“自我力量”，“他人力量”自然会帮你

越是努力，越是无法富裕。越是努力，“存在收入”就越低。

当然，也有人通过努力奋斗成为有钱人，但是他永远无法停止“努力”。“工作”无止境，“自我力量”毕竟有限。一个人在地上挖洞，你知道自己最多一天能挖多大，于是定好了计划。但是每天的工作量是限的，如果中途休息或懈怠了，挖好的时间就比原计划迟。如果洞的大小＝富裕程度，仅凭自己力量的人不可能挖出超出自己能力的洞（富裕）。当然你可能挖得比别人大那么一点儿，但一个人的力量也就能达到那个程度了。

但是，如果你善用“他人力量”呢？只要问一句“不好意思能帮我挖个洞吗？”就会有人帮你。两个人就能挖出两倍大的洞，四个人就能挖出四倍大的洞，一百人就能挖出一百倍大的洞……说不定还有人开着挖掘机帮你。

靠“自我力量”，怎么努力还是有限度。靠“他人力量”，你在旁边睡觉也无所谓。因为即使你睡了，还是有人在旁边帮你挖，不知不觉洞越来越大，这就是“他人力量”。

那么，如何靠“他人力量”呢？答案很简单，放弃凡事靠“自我力量”。

我必须努力；我必须要做；我必须要挣钱；我必须要养家；我必须要幸福；我必须要负责任。

放弃那些“必须”。当你觉得自己“必须”时，这“必须”恰恰妨碍了“他人力量”。那样的你一旦真的依靠“他人力量”，自己偷懒就会罪恶感陡升，禁不住又亲自做起来。认为我“必须”的人实际上是无法信任别人，所以“必须”自己努力。你不信任别人，别人就不会来帮你。试想一下，别人问“需要帮忙吗”时，你说“不用啦，我信不过你”或者“我能自己做”，听了这样讨厌的回答还愿意继续帮你的人，该是什么样的奇葩？

我以前就是这种讨厌鬼，什么都喜欢靠自己努力，还得意自己什么“都行”。但是后来我发现，一个人无论多努力，总还是有个限度，当到达这个限度时就会因疲惫不堪而倒下。

所以请你放弃努力，然后就会有帮你的人迎面而来。我以前曾经大费周章离开京都到东京去做咨询和讨论小组，但后来我没那么努力不再离开京都后，反而有不少人专程赶来京都找我。明明我像往常一样，什么也没做，却有人向电视台和出版社介绍我，渐渐受到越来越多关注。为什么呢？因为不“努力”，“他人力量”开始帮我。

这世界这么大，有许多人热爱挖洞，善于挖洞。我自己挖洞时，明明有那么多人站在旁边说要帮我，但因不信任别人，回复人家“别说了，我自己能挖”，独自吭哧吭哧地努力。或许是我自己捂住了双眼，看不见那些想帮我的人。但是决定不再努力后，对你说“我帮你”“我挖吧”的人越来越多。

世界上有形形色色的人：有人喜欢挖洞，有人喜欢铺柏油路，有人喜欢唱歌，有人喜欢做饭，有人喜欢按计算器，有人喜欢教育别人，还有人喜欢打扫……让这些有“喜欢”的人做他“喜欢”做的事，这就是依靠“他人的力量”。

所以请舍弃自己的“必须”，收集“喜欢”做的“他人力量”。“必须”舍弃得越多，他人力量聚集得越多。自己的“必须”实际上就是“封闭自我”，请你舍弃“必须”也就是不再“封闭自我”，聚集成千上万的“他人力量”吧。唯有如此，你才能得到超越“自我力量”的富足。钱不来找你，是因为你太“封闭自我”，无法也不愿得到别人的帮助。请敞开你的心门。

这些现象告诉你：没钱是因为你的“原则”不对

你为钱所困吗？你因钱不安吗？你手中的钱无法回转吗？别怀疑，那是你潜意识选择的结果。明明有别的选择，但你却选择了这条路。你“关于金钱的基本原则”决定了你选这条路。

你不想没有钱，执着于钱，独自努力，本想选一条安全的路，最后却因为自己的“原则”非常不安导致了不好的结果，仅此而已。幸亏你读了这本书，知道了“没钱”是因为自己关于“金钱”的原则不对。现在是不是觉得没那么发愁了呢？

难道“没钱”的人就是对该依赖的他人力量矫情，不肯也不敢依赖他人力量？其实你可以这样想，“没钱”这个事实正好帮你舍弃“没人可以依赖”的想法。

读到这里，应该有人会说：“我不知道到底该怎么做！”或者“没有可依赖的他人力量！”我明白你的处境。不过这正好是一个机会，帮你走进“未知的世界”，跳出“常识以外”。现在你知道努力才能发家致富是一个世纪大误会，赚钱是有“努力以外的方法”的。

从现在开始，停止努力。停止努力，富裕就会来找你。停止努力，试着对“还没说过的人”或是“觉得不能说的人”说：“帮帮我！”难以置信？那是当然，这可是“常识以外”。

也不知怎么的事儿就办成了——“他人力量”的作用

最后和大家分享一个有趣的现象。常常有的有钱人说:“也不知怎么的自己就变成了有钱人。”请注意其中的关键词“也不知怎么的”。这里的“也不知怎么的”就是他人的力量。在每月来我心屋塾上课的会员中，许多人拿出勇气努力工作，努力去经营，最终被迫放弃了一直努力的工作。但是他们离职后每天穿着喜欢的衣服，吃着美味的料理，到处旅行，做喜欢做的事，却“不知怎么的”比工作时还有钱。公司给了比预想还多的退职金、认识了有钱人、之前不知道自己存了一大笔钱……“不知怎么的”钱就从常识以外的地方飞到眼前。

这个“不知怎么的”就是“他人的力量”。当你抽离“自我力量”时，“他人力量”就会瞬间填补过来。增加自己“必须”的范围，“他人力量”的作用范围就会减小；减小自己“必须”的范围，“他人力量”的作用范围就会变大。相较而言“他人力量”更加强大，所以依赖“他人力量”可以一下子改变现状。

那些热门歌曲和畅销品的诞生也是如此。单枪匹马无论多努力，销量总是有限。坚持自己的“必须”，销量也只能达到努力能达到的程度。但是做出畅销品的人总会说“不知怎么的卖得特别好”，解释不出原因。追根究底，顺应大众潮流的东西才能卖得好。在我看来，顺应大众潮流就是依赖大众，依赖“他人力量”。果然“他人力量”才是关键啊。就算之后再有人分析畅销品，模仿着制造出新品也卖不好。

我非常相信“他人力量”，以至于连目标都不制定了。比如说这本书，我完全不去计划可以卖多少本。假使销售目标定为10万册，就要投放可以帮助卖到10万册的广告和宣传活动。但如果销售目标是100万册的话，配套计划肯定完全不一样，必须往电视、杂志以及报纸等媒体投放的广告和宣传费肯定远远大于目标是10万册的投入。

但是就算做到那些，最多也就能卖到100万册。定下要卖100万册的目标，一切行动都以此目标为指导，靠“自我力量”最多也就能卖出100万册。但是，如果你抛弃那些想法，不确立目标，把一切都交给“他人力量”的话，好好享受眼前的一切，不知不觉中就与“预想以外”的世界相连。

我一开始写书时，预计销量是10万册，为了这个目标拼死拼活，结果却远未达到10万册。后来我放弃了计划，全部交给“他人力量”，自己什么也没做，却卖出了

250 万册。250 万册这个数字已经远远超出了想象，是我做梦都没想到的。别独自定目标，依靠大家，你会取得了不起的成就！

所以，请相信“他人力量”，相信“不知怎么的”，或许这就是大家所谓的“命运”“缘分”“保佑”“潮流”。

凡事别只依靠自己，就一定能成为有钱人。相信我，轻松地变成富人，比拼死努力的富裕程度还要高。

小结

* 钱不来是因为你不肯接受。

* 穷人的基本原则使他变穷，有钱人的基本原则使他变富。

* “唯有努力才能致富”“不存钱就会穷”……孩提时代，父母和身边人教给你的金钱观一直误导着你。

* 小时候拼命忍耐着对钱的渴望，想要父母爱自己，不希望做父母的累赘，怕父母抛弃自己。从那一刻起，你就对钱关上了心门。

* 如果你有金钱方面的烦恼，那么以前关于钱的悲伤的或是孤独的回忆就是症结所

在。请原谅过去的自己。

* 努力所以钱不来；放弃努力，“常识以外”的金钱会接踵而至。

第四章
什么是金钱进账的理想状态？

不要成为伊索寓言里的狐狸！

前一章我们探讨了你无法获得金钱的原因。本章将为你讲解如何思考才能成为吸金的人，即会赚钱的人的思考方式。

这本书一开始的时候我就说过，世界上有很多书都在教人如何变成有钱人。即使这样，为什么你还是没有成为有钱人？答案就是，因为你还没有接受金钱。

你接受金钱的容器正处于倾斜状态。

我们都知道，一旦容器倾斜，无论向其中注入多少诀穷之水，水都只会溢出来洒在地上。所以，在改正做法之前，需要先修正“状态”。否则，无论学习多厉害的知识都无法真正掌握。

首先，我们要改正内心的“状态”，把容器扶正到合适的位置。

那么，对于金钱我们应该保持怎样的“状态”？这一章我们就一起来思考一下吧。

从结论而言，金钱进账的“状态”有四个阶段，只要沿着这几个阶段循序渐进，就会切切实实感受到金钱进账的状态。

接下来，我将说一些超乎你常识的话（**因为，有钱人就生活在穷人的常识之外**）。

首先是第一阶段。

伊索寓言里，出现过吃不到葡萄的狐狸的故事。

高高的树上，结着诱人的葡萄，但是狐狸却怎么都够不着，于是狐狸说了这样的话：

“反正那葡萄酸。”

“我肚子又不饿。”

“我才不稀罕那样的葡萄。”

“那么难吃的葡萄，吃坏肚子就不好了。”

狐狸一开始就知道吃不到葡萄，所以一直抱着放弃的态度。为了不让自己受伤，故意让自己从一开始就打消了要得到葡萄的念头。

这样就否定了葡萄（**富裕**）。

狐狸将视线从财富身上移开了。

但是，我并不赞同狐狸的做法，或许可以在葡萄树上架了一个梯子也未可知呢。

爬上梯子，不就可以轻松吃到葡萄了吗？

而狐狸已经扭过头去，不再看葡萄树，根本没有意识到梯子的存在。或者，狐狸认为使用梯子的做法太“狡猾”

而最终没用……

你很喜欢金钱。你渴望得到金钱。

但是当看到拥有很多钱的人，却会“啧”地咂舌，这又是为什么呢？

明明那么喜欢金钱，看到有人拥有很多你喜欢的金钱，却会心生怒气。

这其实和你想被人喜欢，可是看到受欢迎的人也会咂舌并背过脸去是一个道理。

其实你内心深处隐藏着“嫉妒”“闹别扭”的心理。

很多人一看到金钱，就会条件反射般地变成“伊索寓言里的狐狸”的状态。

“反正都是做了什么见不得人的事，才拿到这么多钱的吧。”

“有再多钱，也不一定幸福。”

“那个人的性格一定很不好。”

“这个人肯定很遭人讨厌。”

……

大家和伊索寓言里的狐狸完全一样，往往会从自己最喜欢的东西、最想变成的模样身上把视线移开。

这种态度、这种“状态”的倾斜，正是金钱远离你的原因。

 金钱如同空气，意识到“存在”很重要

掌握金钱进账状态的第一阶段就是意识到金钱的“存在”。

意识到“存在”是什么意思呢？

金钱和富裕的“状态”与空气的状态是一样的，你只要有这种想法就可以了。

空气“存在”于任何一个人周围，金钱也是如此。

金钱＝空气

这样思考的话，你就能像接受空气一样，坦然接受金钱与富裕。

也就是说，金钱进账的第一阶段就是意识到金钱及财富都和空气一样，“看不见却真实存在”。

但是，达到这种思维方式其实很难。

我在自己的博客上写了金钱＝空气之后，很多人都留言说“完全不知道是什么意思”。

读这本书的人当中，肯定也有许多人脑袋里打了很多问号。

为什么金钱＝空气?

下面，就让我来为你一一说明。

我们每个人都要呼吸空气，即使有人吸多了一点儿，那儿的空气也不会变稀薄，吸的人周围的空气也不会变浓厚。

空气不可以独自占有，其实不卯足劲儿大口吸气，也可以维持身体所需的空气量。

但是，我们无法用肉眼看到空气，这一点很神奇吧。

我们是如何知道它“存在”的？又如何相信它不会消失呢？

所有人都相信空气“存在”，也不会消失，你也相信这一点，这就是大家的“大前提”。从来没有人告诉我们“空气无法轻易得到，一定要努力收集，要珍惜地吸”。

尽管做体操的时候老师教过我们深呼吸，也是建立在“不会消失”“轻易就能得到”“一直存在”的前提之下。

还记得我们前面说过“大前提”下的现实一定会到来吗？

虽然看不到，却真实“存在”。

平等地“存在”。

“存在”于人和人的身边。

不会消失。

这些是大家的“基本原则”，也是你的“基本原则”，空气切实“存在”，而且你还吸得到，仅靠必要的量就能正常运转。知道了这个规律，你就不会再有不安和恐惧了。

没人告诉你金钱一直“存在”

那么，金钱如何呢？

金钱肉眼可见，但是其背后的富裕是无法看到的。

所以只看肉眼可见的金钱，意识不到富裕“存在”的话，便会产生“只有这么点”“已经没有了”“完全不够花”“没钱”的想法。

即使有五百万，也意识不到富裕“存在”的人（没接受“富裕”的人）往往会想“还不够”“不再赚点不安心”“花完了怎么办”。

说“没钱”的人并不是没钱，而是“没看到”金钱背后的富裕，“以为富裕不存在”“没有接受富裕”，而且“没人告诉他富裕存在”，甚至别人“只告诉了相反的事情”。

没有人认为空气可能会消失。

没有人有这样的想法：别人吸太多空气可能会少了我的份儿、旁边的人吸太多导致我的空气变少了、明天或者老了以后可能就没有我的空气了……

谁都不会觉得空气会消失，也不会为了应对不时之需，趁现在贮存很多空气。

请把这种想法也用在金钱身上。

金钱一直存在，富裕也存在，不攒也能正常运转。试着相信这种想法。

你需要改变你的金钱“状态”和“大前提”。

这样的话，金钱便会游刃有余地运转，就像空气一样。

金钱（富裕）并不是“没有”，而是切实存在。只是你没有接受、没打算接受、不认为能得到、以为不存在，或者你一直被这么教育大的、除此之外别无所知、一直坚信错误的前提。

金钱和感情一样。虽然看不到，但是一定“存在”。
即使你认为“不存在”，也是客观存在的。
只是你还没有接受罢了。
原来，金钱＝空气＝感情。

一直保持现状，只会等来“不满足”的现实

金钱＝空气，一直存在，任何人都有。即使我强调再三，大家还是会说“不不不，我这里就没有金钱”。

其实，是你没有接受金钱，把金钱阻挡在了门外。

拿工资的人也说“除了工资以外，我没有任何收入”“工资也不涨，还是没钱”，说这些话的人其实是在将金钱拒之门外。

“我并没有阻挡金钱啊，决定工资的是公司，我又没阻挠。”我仿佛听到了大合唱的声音。

确实工资可能没有涨，没能达到你的期望。

但是，“很多好的东西”“代表富裕的东西”时刻都在向你走来。

我强调的并不是让“很多好事情”发生的方法（**做法**），而是意识到“有很多好的事情存在”的“状态”。

对于意识不到金钱和富裕“存在”的人以及不想意识“存在”的人，即使给他们再多代表富裕的东西，也只会得到这样的回应。

“远远不够”“什么都还没有得到”……

所以，如果一直保持现在的“状态”，无论有了什么，无论去了哪里，不管过上了怎样的生活，哪怕中了彩票，等待他们的也只有“不满足”的现实。

富裕往往来自意想不到的地方

“心屋先生表达的意思我都明白。假设我已经意识到了‘存在’，那么至关重要的金钱从何而来？这个月要付的房租从哪里来？难道您想说从天而降吗？”

对，就是从天而降！

你可能觉得我很“蠢”，但是，首先你的前提就不正确。

“尽管你说假设已经意识到存在，但其实还没有。所以你不明白。”你仍然处于常识之中，人是无法意识到自已没体验的事情的。

一旦有所意识，一定会改变的。要想产生意识，第一步就是要相信，相信金钱和富裕的“存在”。如此，才能让“常识以外”的事情发生在现实之中，这样才能更加相信，这才是故事的开始。

你的顺序搞反了。

试着相信“存在”，试着改变一下你至今认为是常识的理论、规律、王道，即改变大前提。

随之，现实就会发生变化，你会逐渐看到“存在”的证据，这样，才能“意识”到富裕的“存在”。

富裕是什么呢？是金钱吗？

有人觉得富裕是金钱，有人则不然。

我也不明白，谁都不明白。因为富裕来自你意想不到之处，它超出我们的常识。

所以不明白富裕是什么也无所谓，绞尽脑汁想半天也没有用。

我在听大家的经历后经常大吃一惊，会冒出“不！可！能！”的念头。

改变“状态”且变得富裕的人往往会说，“我也不知道为什么，钱自己就进来了”“不知道为什么，就变得不愁钱了”。

富裕来自意想不到的地方，也就是从“不知为何方的地方”而来。

这在心屋塾里被叫做“心屋魔法”（又叫“他人力量”）。

“不知道为什么”就发生了很棒的事情。

“不知道为什么”就变富裕了。

“不知道为什么”父母的遗产就进账了。

“不知道为什么”就钓到了金龟婿。

……

这样的事情不断地发生在我的周围。

我希望你也能有这样的体验。

第二阶段是认可自己

有人生气地对我说：“如果仅仅改变‘状态’就能成为有钱人的话，那全国应该都是有钱人了！”

也有人一脸认真地问我，并不是所有人都能涨工资，怎么可能所有人都变富裕呢！

我是这样回答的。

“反正你谁都不相信，别人的事情怎么样都无所谓，不要擅自把‘自己’也列入不相信的范围里。请多信任信任自己吧！不要光凭借你为数不多的经验及见闻，就擅自判定‘不存在’。在有钱人眼里，这个都是最正常不过的常识了。”

之所以有这么多人没成为有钱人，完全是因为大家搞错了“状态”。

已经做到不为金钱所困的人并不是因为“有变成有钱人的可能性”才按照我说的做的。

而是因为他们尝试相信“常识”之外的事情，他们已经意识到自己是“富裕的”，而且他们也意识到了“自己的存在可以充分接受富裕”。

当你先改变了自己的“状态”之后，现实就会接踵而至。

金钱＝空气。

首先要意识到“任何人”都可以接受金钱，这是第一阶段。

其次就是重要的第二阶段。

意识到“自己的存在可以接受富裕”，认可自己，允许自己接受富裕。

即使有到死都花不完的钱，无法认可自己的人也只会因罪恶感而无法使用金钱。尽管丈夫有很多钱，但是向丈夫要钱会背负罪恶感，反而会没办法使用金钱，这种人就无法接受金钱。负有罪恶感是因为觉得自己有罪，所以“有罪”、没有价值的自己没办法买自己喜欢的东西。

更不用说自己没有收入就不能要别人钱的人了。

这种人的罪恶感已深入骨髓，即使好不容易得到500块钱，也不会花在自己身上，大多会用在家庭里或别人身上。

把钱花在别人身上，才能从罪恶感中解放出来。

到底要责怪、贬低自己到什么地步才算结束呢？

我不行。

努力还不够。

没有花钱的价值。

给人添麻烦。

没有能力。

会遭人厌烦。

无法满足别人的期待。

这些都是“罪”。内心认为自己没被认可，所以即使被人夸赞也不会相信，而看到别人受到赞扬的时候，就会责怪自己“成不了那个样子”。

一有工夫，就会责备自己，哪怕看到不相干的事物，也会不自觉地责怪自己。

自己这么想也就罢了，还会怒气冲冲地质问别人“是不是瞧不起我？！”

那你就错了，没有人会瞧不起你，谁也没有责备你。

除了你自己，你以外的人，不会对你感到“罪恶”。而且，这种“罪恶”从一开始并不存在。

所以，一定要认可自己，对自己宽容一点。你存在于此，就已经有了价值，就是富裕。

尽管以前经历过不被认可的过程，但是你不是不被认可的“存在”或“人”。不被别人喜欢、不被父母喜欢并没有犯什么“罪”。

在第2章我们介绍了“存在收入”，你要认可自己的“存在收入”。

你是一个可以接受的人。

试着将自己是一个很棒的人作为你的“大前提”。

这样你就能变成最适合接受富裕的人。成为合适的人之后，合适的富裕就会降临到你的身边。

不用操之过急。

要不试着改变一下。

要不试着相信自己一次。

要不先这么做一下。

这样就很好，这样便能慢慢开启你的开关。而开关打开多少，就会有多少现实向你走来。

不能"仅仅"接受想要的东西

接下来，就进入第三阶段。这里有一点需要注意的地方。

虽说要接受富裕，但并不是"仅仅"接受富裕就行。将钱包口张大，当然会有更多的钱进来，但是金钱以外的垃圾、废物以及不必要的东西也会一起进来。

如果不想要多余的东西，就把钱包的口封起来的话，想要的金钱当然也会被阻挡在外。

想要接受富裕的话，不仅仅要接受想要的东西，还要做好心理准备接受不想要的东西。

金钱进账的第三阶段就是“不仅仅要接受喜欢的东西”。

想象一下扑克牌。

扑克牌的花色分为红桃、方块、黑桃、梅花四种。

假设把红桃看作爱情、方块看成金钱、黑桃看作暴力、梅花看成悲伤。

洗牌之后，给每个人发牌（牌洗得不够的话，或多或少会出现偏差），平等分发。

这就是我们的人生。

也就是说，红桃、方块、黑桃、梅花会相对平等地到来。

好的事情、坏的事情、难过的事情、开心的事情、痛苦的事情、光辉耀眼的事情、被人捉弄的事情、令人愉悦的事情都会接踵而至。

所有的扑克牌翻过去以后都是一样的花纹。

扑克牌的背面都是相同的。

而人生扑克牌也是一样，背面都写着“爱”“富裕”。

换句话说，无论你遇到什么事情，翻过去看，都是由“爱”和“富裕”组成的。

如果总是吹毛求疵地说，“我只想要红桃”“我想要很多方块”“我特别讨厌黑桃”“我不需要梅花”的话，来到你身边的扑克牌会越来越少。

如果进一步要求“我想要那张红桃”“不要这张红桃”“不能是红桃3”（相当于在说“我要这个人的爱”“我不要那个人的爱”）的话，你的扑克牌会更少。

这样，背面的“爱”和“富裕”也会变少哦。

明明是自己在抛弃扑克牌，还发牢骚问“为什么我没有爱情和金钱？”

当你有了接受红桃、方块、黑桃、梅花的觉悟，换句话说有了既接受好事又接受坏事的觉悟，爱和富裕就会充满你的周围。

因为所有的扑克牌翻过去都是一样的“爱”和“富裕”啊。

可就是有无法变富裕的人、无法得到爱的人将自己不喜欢的牌都扔掉了。

明明是按顺序平等发的牌，却在扔掉自己的牌之后，不断抱怨“我的牌很少”“为什么没有什么牌来我这边呢？”

自己把红桃扔掉后没有意识到，还一个劲儿地埋怨“红桃一个都没发给我”。

最终因手持的扑克牌太少，使得人生无法按照预期发展。在至关重要的一刻，却无法肆意一决胜负。

想要这个，但是不想要那个。

想工作，但是不想忙碌。

想结婚，但是不想被束缚。

想温柔，但是不想优柔寡断。

想自由，但是不想没人管。

想成名，但是不想被世俗所扰。

只要对你有利的东西，只选自己最想要的东西，富裕当然不会到手。

金钱无法到手是因为你在不断抛弃，而且只想接受自己想要的东西。

因为你没有接受自己不想要的东西。

即使拿到黑桃和梅花，人生扑克牌的反面也写着“爱”和“富裕”。

只要加以留意，你就会发现你身边充满了“爱”和“富裕”。

接受就是这么一回事情，就是要接受所有。

空气也是如此。

你无法说想吸那边的空气，不想吸这边的空气（**想吸氧气，不想吸二氧化碳的话，就无法呼吸**）。

即使有时候空气里散发着臭味，有时有灰尘，也要像平常一样予以接受。

只有全盘接受之后，才会有很多富裕到来。

接受富裕，释放富裕

结束了第三阶段，马上就是最终的第四阶段了。

接受富裕，释放富裕。

接受富裕以后，一定要释放出去。

不释放的话，新的富裕就无法进来。

人们常说，“金钱轮流转”。

金钱、富裕、爱、空气、水、能量等，都应先接受，然后释放。

不保持循环状态的话，这些东西就无法进入自己的领域。

这和水池蓄水是一个道理。

新水进不来的话，水便会腐坏。经过蒸发、渗入地面等过程，最终彻底消失。

好不容易接受了富裕，却要在自己这里停止循环，导致其后的金钱、富裕无法进入。

钱花没了怎么办？不进来怎么办？由于存在这样的不安，所以就要停止循环（**占有**），于是金钱、能量、物品都不能周转，无法来到自己的身边，如此可怕的循环就此开始。

然后，不安逐渐加重，想占有的欲望更加强烈，从而导致能量越发周转不灵，无法进入自己的领域。

出现这种状况后，会更加不安，所以要积攒更多东西，继续周转不灵，继续不安。

就是因为不安的心理，才会让人想占有更多，导致流动的金钱和能量在自己这里停了下来，能量不能正常运转，使得我们更加不安……（如此周而复始）

简直就像犯人和警察之间的关系。

警察：“交出人质！钱已经准备好了。”
犯人：“把钱交出来！我再释放人质。”
警察：“混蛋！先交出人质！”
犯人：“蠢货！先放下钱！”
警察：“混蛋！你先释放人质！”
犯人：“先把钱扔过来！”

双方都觉得自己先妥协就完了。

其实，顺序搞反了。警察应该相信犯人，交出赎金。

一开始就交钱。先投资，先花钱，金钱和富裕才会慢慢出现，逐渐让你回归到金钱流通运转的“状态”。这就是“吃亏的觉悟”。

以“存在”为前提的话，金钱等的运转会越来越顺畅。“损失”并不可怕，吃亏的事情一定会发生。但是，当你不断运转起来以后，会更加明确“存在”这一前提。

不要企图让金钱和富裕停留在你这里。

即使停止，金钱也不会增加。

如同空气一样，不释放就无法吸收。

越节约，越贫穷

我在佐川急便工作的时候，拿到的工资非常高，可不知为何我的钱一点儿都没攒下来。

当时，刚毕业的我拿的工资是一般大学毕业新生平均工资的 2 倍，而且工资还在不断上涨。

可是居然没攒下钱，实在让人不可思议。

苦于攒不住钱的我决定开始记账。中午去吃牛肉盖饭，也提醒自己不要加鸡蛋，别点味增汤。

但是，钱还是没攒下来。

越是节约，越存不住钱。

仿佛是世界又一大奇迹一样。

而且，紧巴巴地节约时，偏偏还会遇到丢钱包、碰到事故、买没用的东西等烦心事，反而会遭受更大的损失。

一次，我最喜欢的明星开演唱会。

本来有机会拿到 5 万日元的铂金票，考虑再三，还是觉得有点儿浪费，打消了这个念头。

没多久，我不小心刮到了自己的车，修理费就花了 5 万日元。费尽苦心不让自己花钱，最终却被迫花光了所有的钱。

即使绞尽脑汁攒钱，金钱也只会逐渐消失。

既然这样，不如把金钱释放出去。

也就是，要让金钱运转起来。

之后，我辞掉了工作，开始做顾问，遇到各种各样的事情，使我面对金钱的“状态”发生了变化。

我意识到了金钱（富裕）并不是“没有”，而是一直“存在”。自己内心的“前提”发生改变后，金钱的流通就会随之变化。

意识到“存在”后，一切都改变了。

自己的言行举止、气场、周围的环境也会变化。

节约的时代是建立在“没有”的大前提下，所以才提倡人们不花钱，要节约。

这时，你已经把“我是一个穷人”的标签贴到了自己身上。

金钱是不会眷顾这样的人的。观察自己的行动，就能明白自己在一个什么样的前提之下。

意识到“存在”并不会减少之后，金钱会顺畅运转起来。

这样，金钱真的会不可思议地运转起来。

不要只追求一点点吸收空气，要正常地吸收后，正常地释放出去。

金钱进来后，也应该被释放出去。

只要多加注意，将“金钱”的状态改为可以正常运转的状态的话，富裕也自然会循环起来。

我经历过这些，相信大家也能像我一样。

钱不一定要花在有意义的地方

有人问我，“我们无法让金钱停下，要把钱运转起来，我想鼓足精神尝试一下。但是，要把钱花在什么地方呢？乱花钱要紧吗？”

嗯……花在哪里都可以。

不要爱惜金钱，也不要用“好”“坏”来判断金钱的用途，既要把金钱用在有意义的事情上，也要用在没有意义的事情上。

这样，自己心目中的“大前提”、从小被教导的对于金钱的“状态”、常规的“好”“坏”判断等条条框框才能瓦解，金钱才能自由流通。

在我们心目中，不能乱花钱、不能在无意义的事情上浪费钱、钱赚得很不容易等“大前提”都像常识一样烙印在我们大脑里。

结果我们只能像人们告诫我们的那样，最终等来辛苦赚钱的现实。

说不上“节约”，也不舍得“浪费”。

例如，即便有人说你在店里买东西是“乱花钱”，但是店里的人在买卖过程中获得金钱，用这笔钱来养活家人、解决温饱，这就是金钱的运转状态。

可能你觉得，“反正都要用钱，不如用在有意义的事情上”，但是你能保证你花钱给对方以后，对方会把钱用在“好事”上吗？

例如，你觉得捐给寺庙是“好事”，寺庙的人买奔驰的话会让你生气，但是买一辆便宜的二手车你就能接受。

这纯粹是你自己的喜恶。

所以，思考善恶与得失、好与坏本身就是没有意义的事情。

我最近和朋友们去打高尔夫，回来的时候吃了烤肉。

之后去了超市，买了猫粮。

这个过程中，我的钱运转到了高尔夫球场、烤肉店、超市、生产猫粮的公司以及运输公司那里。

无论有意义还是无意义，有没有乱花钱，金钱都是流通的。

每个人释放金钱后，能让获得金钱的人更加幸福，这不就是一件很美妙的事情吗？也是因为这个原因，大家才更愿意把钱用在“喜欢的事情”和“能让自己幸福的事情”上吧。

我想，运转金钱无非也就是这么一回事吧。

多给孩子们些压岁钱

给孩子压岁钱并没有什么意义，但是不如多给一些吧。

很多人觉得不应该给孩子很多钱，理由大多如下：

孩子会花在不正当的地方；

孩子会浪费；

不能让孩子觉得钱很容易就能到手；

……

但是，仔细想想，这种想法离真正的富裕差得还很远……

孩子们每年都能听到“不吃苦就赚不到钱”“不能乱花钱”“不能把钱花在父母不允许的东西上”“我没办法相信你”等经典语句。

其实，多给孩子们毫无意义的压岁钱就是肯定孩子的“存在收入”。也就是说，让孩子相信即使自己没有任何作用、什么都不做、不提供任何价值，本身的存在也能接受富裕，让孩子建立不用拼命也能获得富裕的思维方式。

这个观念对于至今坚信禁欲主义“美学”的人来说一定很难理解。

但是，这样做可以让你每年都认识到这种“美学”距“存在收入”这一丰富的思维方式非常遥远。

许多人以孩子“不理解金钱的价值”为借口拒绝给孩

子很多压岁钱。

这些人完全被“金钱的痛苦价值”所束缚了。

正因为如此，所以才要不追求意义，多给孩子压岁钱。

这样，孩子更容易成为富裕的孩子哦。

也正因为如此，有钱人的孩子长大后往往还是有钱人。

因为“思维方式”不一样。

越是有钱人，越喜欢送礼物。

在这里，想给大家介绍一段有实际体验过的人的经历。

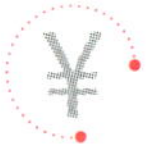

［经验谈］心屋塾顾问（认证讲师） 弓明子

给孩子一笔对于他们很难处理的零花钱——10万日元（约6000人民币）的话，会发生什么样的事情呢？

前几天在培训课上听了心屋先生的讲解，觉得很有意思，就想试试看。

跟老公说了一下，老公很快就同意了……（笑）

没想到会这么爽快！！！

老公明明没有参加Be培训（即心屋仁之助的心理咨询课程）啊！

看来就是这样赚到钱的啊。

老公果然是大师级的！！

年底的时候我问了孩子们的意见。

上大一的大儿子和上初一的小儿子都很开心。

但是！

高二的女儿反驳我说："弟弟（**小儿子**）一直都拿 10 万日元也太狡猾了吧！我初一的时候根本没有这么多。"

我说"要不只给大儿子 10 万日元？（**大儿子年龄最大**）"之后，大家还是一致决定所有人都拿 10 万日元。

现在就能拿到很多的人，岂不是赚到了？

看来，我家孩子真是实在得没话说啊。

决定给压岁钱后，我的心情还是摇摆不定（笑）。

给这么多钱的话，孩子们会不会不知道钱的珍贵啊？

孩子们会不会不想工作？

总之，我当时似乎觉得"不受苦就能赚到钱，更能过上幸福（安稳）的人生"。

但还是会有罪恶感和自卑感在暗中作祟。

仅仅10万日元，一下子就能花光。

比起每年在不征税的范围内为孩子的将来储蓄的人来说，10万日元根本就不是什么大钱。

不尝试永远不会懂。

想再多也只会矛盾百出。

那份多虑的绝佳平衡，成就了现有的现实。

我给了孩子们各10万日元。

而且，还把以往每年帮他们存的一半的压岁钱也一起交给了他们。

大儿子春天就要上大学，一个人出去住了，他用这笔钱给自己买了笔记本电脑。

似乎在强调“真正想要的东西一定能到手”一样。

高二的女儿很喜欢绘画，有种彩笔一套共有300多种颜色，女儿大手笔买了其中的一部分。

初一的小儿子，还是老样子。

果然“用不完”。

孩子们身上并没有出现我所期待的大变化，但是也没有胡乱花钱或者大把散财，而是快速买了自己一直想要却没有买的东西。

这些钱没有沦为不义之财。

这不就是对待金钱最理想的方式吗?

看了他们的表现，我嘟哝道：“轻松拿钱、幸福生活好像也可以啊。”

后来的事

后来，小儿子用零花钱买了 4 本书。

对于初一的孩子来说，似乎有点儿狂热。

看来儿子将来会有出息的（笑）。

他买的书有一个特点：比每个月的零用钱贵。

这10万日元违背了我的预期，朝着遥远的上坡走去，变成了很有意思的东西。

推荐大家都尝试一下。没有尝试就妄下断论，实在太可惜了。世界充满了超乎你想象的有趣之事。

不能小看孩子哦。

有的家长会说，“我们家的孩子绝对会把钱全花在游戏上”，我觉得这样也未尝不可。“我是一个不玩游戏的人，所以不喜欢别人把钱花在游戏上。这是我的价值观。”说出这种话，就变成“按照我喜欢的方式花钱”了，这样就没有任何意义了。

只有让孩子自己决定、自己认可、自己失败，才能学到东西。我们要培养孩子有自己的价值观、自己的“喜好”。

再给大家介绍一个案例。

［经验谈］妈妈朋友顾问　熊泽沙那

先生的博客和书经常给我一些启发。

谢谢您。

去年11月份女儿过10岁生日的时候，我给了她1万日元。

任务是，把这1万日元：

* 一天之内花光

* 只花在让自己心动的事情上

* 不管买什么，花在什么上，妈妈都不会干涉

一开始，女儿做了这些事：

* 去星巴克喝茶（笑）。

在星巴克买了焦糖玛奇朵，一边喝一边在新宿散步。

最近的小学生，真是……（笑）

然后，女儿买了：

* 4 色圆珠笔。

我几乎要情不自禁地冲上去问她“这就可以了吗？”但是还是忍住了（汗）。

买的其他东西有：

* 便携式扩音器。

女儿平时跳舞，练习时候能用到。

*可以随温度改变颜色的叶子状杂货。

钱还剩下一半多,肚子有点儿饿了,就去了荞麦面馆。

因为是吃饭的地方，所以我决定由我来出钱。

吃完后，女儿说：“这是我吃过最好吃的荞麦面。”非常感动地对我说：“妈妈，这次让我买单吧！因为我吃得很心动！”

于是，女儿结了账。

谢谢！谢谢招待！！！

这样，女儿的1万日元任务结束了。

真是一段既充实又幸福的时间啊。

小结

* 金钱和空气一样。意识到金钱的“存在”很重要。不用担心“吸太多会没有”，因为分配到每个人身上的量都是足够的。

* “不知道为什么”，从父母那里得到了零花钱;“不知道为什么”就嫁进了豪门;“不知道为什么”就拿到了特别奖金……相信“不知道为什么”的力量，富裕会从意外的地方走来。

* 接受富裕后，不要积攒在自己身边，“释放、使用”也很重要。

* 金钱“先释放、使用”后，才会自然

而然地进账。

* 一味节约的话，金钱无法顺畅运转到你身边。

* 花钱是好事，因为自己花出去的钱变成了别人的工资、生活费、孩子的学费或者娱乐的钱，同样发挥了重要的作用。

第五章 养成吸引钱的好习惯

凡事选择凭喜好，不以金钱为标准

在本章中我会向大家详细介绍养成哪些习惯成为吸引钱的人。

改变“状态”，学会做心灵练习。一定要习惯这种练习。下面与大家分享一些改变“状态”的练习的实际操作法。

首先告诉大家的，就是凡事选择凭喜好，不以金钱为标准。

老是嚷嚷着钱不够花的人，凡事都以“金钱”为标准。做事或购物不是因为喜欢不喜欢，而是看能不能收回成本，价格低不低。我以前就老是这样，特别喜欢“便宜”的东西，结果常常因为买便宜的东西而损失了更多钱。明明图的是省钱，却完全陷入“不知为何手里的钱却在减少”“老是没钱”的泥沼中无法自拔。

如果生活中处处“以金钱为卡尺”，你就无法自拔地一直处于不安与恐惧中，每分每秒都活在对金钱的计算中。若执着于金钱，就会因为害怕与不安越来越胆怯。想要远离这些，找回心灵的自由吗？很简单，忘记“金钱标准”，选择只凭自己的喜好，顺从自己的心。

比如说不看价签，只选“心仪的”东西。或许曾经的你总是“以金钱为标准”，从现在起，拿出勇气来。别怕，试一下。只要稍微试着按我说的做，你的世界会因此而不同。

知道为什么吗？因为你会发现自己“真正”想要的。你想要钱，并不是真的想要叫做钱的纸或金属，你想要的是当有很多钱时的“选择自由”。即使没有钱，你还是可以自由选择的话，你就不会害怕，对钱也不会那么执着了。渐渐的，你会发现一个有意思的现象，快乐与富裕将接踵而至。

你“有”钱做想做的

看到上一节推荐的“不看价钱，只选择心仪的东西”，是不是有人会悲伤地想：“那是有钱人才有的做法”，“我连买的钱都没有”。不，不对，正好颠倒了。这就仿佛是在说，等会游泳了再去海边、等瘦了再穿泳装，完完全全颠倒了。

凡事不要因为觉得没钱而不做，试着想你“有钱”，你有钱做你想做的。别按“金钱标准”选择要买的东西；不要等瘦下来，先穿上喜欢的泳装。

如果先认定“没有”，就只能看到“没有”的现实。然而如果认定“有”，以此行事，你就会感到竟然真的“有”！

嘴上嚷嚷着“我没钱，要是买了想买的东西，这个月连话费都交不起”的人其实还是“交得起”电话费的。不仅交得起电话费，其实也吃得起饭，坐得起公交车，和朋友聚得起会，买得起杂志。将你排在最前面的事物从“必须”转变为“心仪”。这里所谓的“心仪”就是指那些能让你情绪高涨、开心的事物。

无论你信不信，“有”就是有。所以，请记住你“有”钱做任何事。当你这样想了，花钱时会开始感到自己确实“有”。钱花出去还会回流到你的手中，行事不按“金钱”而凭喜好的习惯会为你带来金钱与富足。

像有钱人一样生活

最近，我看到一本书很有意思，这本书叫做《好好生活慢慢吃就会瘦》。作者渡边本详细查阅了胖姑娘和瘦美人写的博客，总结了两者生活的不同。

比如她们平时习惯完全不一样。胖姑娘稍微节食瘦了一点儿就要吃好吃的犒劳自己，去烤肉自助大口吃拌饭，看电影时电影还没开场爆米花就吃完了，对便利店的食物摆放位置特别熟悉，买衣服净买些隐藏身材的款式。看完胖姑娘的博客，你会感慨：“难怪这么胖。”瘦美人白天常常只吃沙拉，或者很无所谓地说“今天什么都没吃”。每天运动，穿合适的衣服，去烤肉自助基本不吃拌饭，看电影也不吃爆米花。我的妻子很瘦，她从不吃爆米花。而作者渡边本女士认真模仿瘦美人的生活习惯，1 年就成功瘦了 30kg。

按照这个思路，富人和穷人的博客肯定区别很大。把自己当作富人，富人会怎么做呢？富人使用金钱的原则是什么？这样你就会渐渐变成富人。在心理学中把这种行为称作模仿。

有钱人常去便利店吗？每天晚上吃零食吗？在百元店里淘厨房用品吗？衣柜的抽屉一直开着不管吗？

顺便说一句，胖人都喜欢买便宜的东西，因为他们觉得自己不配昂贵的东西。反正自己嘛，凑合下就行，对自己的评价很低，不知不觉中糟蹋了自己。所以千万不要“反正自己嘛，凑合凑合就成”。

作为有钱人，我会怎么做？作为有钱人，我的行为举止该是什么样的？作为有钱人，下雨天我该撑什么样的伞？作为有钱人呢，我该坐什么样的交通工具？作为有钱人，我该善待事物还是糟蹋食物？试着说服自己，想像自己是有钱人，像有钱人一样生活。

渐渐地你的思维方式与价值观会向有钱人靠拢，你也会变成有钱人。我给这种方法起了个名字叫做“像有钱人一样”。早上一睁眼开始就考虑有钱人会做什么呢？“像有钱人一样”，你会掌握有钱人的思考方式（也就是“状态”）。

不过你要注意一点：有钱人和暴发户可不是一回事。暴发户在选择东西时还是按照“金钱标准”来选择的。有些东西并不是他们想要的，因为“贵”，因为“别人觉得贵”，所以买！而真正的有钱人是怎么考虑的呢？这东西我喜不喜欢，用着方不方便，他们按照“自己的标准”选择。

最起码要模仿有钱人这一点，按照“自己的标准”，千万不要忘记。

嗯？不对？可能这是我的主观看法：“名人都很瘦”。请你模仿消瘦的名人。名人们都认为自己“有”，并且“要什么有什么”，不会储存无用的东西。

不要应顾客的需求，应自己的需求

我以前一直按照客户的需求工作。当时的我认为，商业与人生的关键就是了解客户的需求，追求客户想要的东西，并一定要有相应的成果。这样想的确有成果，却始终是有限的。

近几年我推翻了之前的所有想法。我不再应顾客的需求，做想做的事，单方面分享想分享的内容，凡事以自己的情况为先，只做自己想做的事。我删减了心屋塾的课程，想休息时休息，想玩儿时去玩儿，在舞台上唱自己写的歌。虽然我一切都是按自己的想法行事，却有更多的人感谢我，而且越来越多的人称赞这样的我。

不要应顾客的需求，而要应自己的需求。这就是所谓的提高自己的“存在收入”。无需为别人努力，无需帮到别人，就算任性自私、就算别人说你是超级混蛋，只要是按照自己的步调，只要认可自己就好。这就是提高自己“存在收入”的真谛。换句话说，做自己打心底里享受的事，开心积极的情绪也会感染别人。

我没有价值；考虑客户的想法会不被认可；不努力没人爱……请你放弃这些“奉承别人的原则”。“越不在意”客户的需求，越能发现自己的“存在收入”。凡事只在意客户的需求，就无法看到“存在收入”。果断放弃回应他人的需求。改掉不负他人期待的坏毛病，从现在起养成只在乎自己需求的好习惯。唯有如此，才能发现自己的“存在收入”，进而变得富裕。

儿时想要讨好父母让他们开心进而爱自己，长大后就会形成不负期待的坏习惯。就算你不那样做，他们也还是爱你。

不要被工作搞得疲惫不堪

努力工作、拼命攒钱是不对的。就算拼了老命努力，也还是没法变得很富裕。你看，越是穷的人越忙碌，越是有钱人越有闲。有钱人不是一直吭哧吭哧地努力成了有钱人后才清闲，而是放弃了吭哧吭哧地努力工作才最终成了有钱人。思维方式、“状态”完全反过来。

我曾经一直认为，别人给予的东西＝劳动价值＝对别人起到的作用。小时候家长就是这么告诉我的，出社会后又屡次被灌输这样的观念，于是不断地努力，不断地被称赞派上了用场，不断赚到些零花钱。然后我就更相信金钱

＝努力程度也就是有用程度，以为不把自己搞得筋疲力尽就赚不到钱。

其实这是个“圈套”，我们上了当，被洗脑了。我们被骗了！有钱人不工作，穷人才筋疲力尽地干活。是不是心头火直蹿，是不是想说“穷人也很可以幸福”！但是还是希望钱再多一些吧？那就稍安勿躁，听我把话说完。

穷人和富人到底有什么不同？一句话——“思维方式”不同。所以只要改变“思维方式”就好。记住无论自己是否起作用，在做什么，你只要存在就值得富裕。

所以，“不要被工作搞得疲惫不堪”。

要模仿有钱人，首先只要试着别那么较劲，别那么拼，颠覆自己以往的思维模式。听着很可怕？觉得不可思议？与你的认知完全不同？你如果不这么做就无法反转。按我说的做，你的生活会发生翻天覆地的变化。

你会得到工作以外的富裕，在意想不到的地方钱会从天而降。

拼尽全力所以无法富裕，拼尽全力所以没有空闲，拼尽全力所以无法幸福，这就是你之前生活的真实写照。从今往后，为自己而活！不再拼死工作，不在乎是否给别人添麻烦，以自己的时间为准，把自己当作最重要的人。从以他人为轴、以他人标准为先转变为以自己为主轴，只按照自己的标准。

从此以后，你的世界将发生翻天覆地的变化。多花些时间、金钱与家人、朋友相处，一起做快乐的事情，这会给你带来勇气实现富足。

享受快乐，不要存钱

有的人努力赚钱是为了做想做的事，享受想要享受的东西，摆脱现在的处境。但是一个人单枪匹马地努力，认认真真，拼尽所有，结果却与当初所想相差甚远。为了改变这个状况，不得不更加努力。我们往往认为通过努力得到的金钱，历经辛苦学到的知识更伟大，更有价值，理解更深。那么天生就拥有的那些才能呢？

那些原本就会做的事情，那些让你毫无痛苦甚至很享受的事情就被认为是没有意义，没有价值。我希望大家赶紧摆脱这种一定要付出汗水，一定要经历痛苦，一定要努力的想法。

做喜欢的事情，享受想要享受的东西，为了快乐愉悦而自由地获取才是最好的。当然，我不否认困难与辛苦给人的历练，努力有努力的价值，但这些你不是已经完全经历过了吗？

想做的事需要花的钱不努力也会来。父母给你钱啦，向亲属借钱啦，取出存款啦，把奖金全花了啦……既然是做喜欢的事情，就别用“辛苦”“努力”赚来的钱。父母不给钱，亲属不肯借，不让取存款，奖金不存下来会被骂，你是不是害怕这些？因为害怕所以“用努力去逃避”。这样只能是牺牲自己，牺牲自己是不是安全一些？

但是就算你真的靠自己努力赚钱也改变不了什么，果断地寻求“他人力量”的帮助吧。

去依赖最不能依赖的人，去依赖最不想依赖的人，说不定结果会出乎你的预料。要是没要来钱就用自己的存款，或者其他的途径，重要的是不需要努力，用“本来就有的金钱”变得富足。

远离老是说“别花钱”的人

在我们的生活中，金钱是不断流通的，在你想花钱时一定会有障碍，每个人都不例外。

最大的阻碍是“自己”。怕钱花光的不安与恐惧总是威胁着我们“千万不能花钱”“不攒钱可不行”“以后万一没钱怎么办”。明明旧钱流不出去，新钱流不进来，我们还把它们存在池子里面，渐渐地池中的钱越来越少。所以，请你完全推翻“不准花钱”的基本原则。

第二大障碍是“别人”。当你终于发觉自己“有钱”，开始花钱走向富裕时，会有人横插一脚：“别被那个叫心屋的骗了”“花钱是有钱人的特权”“别乱花钱以防万一”。说这种话的人与原来的你相同，是“金钱的亡灵”，住在“没有钱”的世界里。

嘴上挂着钱的穷人，对钱过分执着的金钱的亡灵，你要是一直和这样的人在一起就无法摆脱现在的处境，趁早远离这样的人。

“你怎么能随便花钱呢！”“这么花钱小心天打雷劈！”“别和乱花钱的人做朋友！”“你的金钱观完全不对！”谁要是那样指责你，你就回敬他们：“我爱怎么花怎么花。”多和能帮你进入“富裕世界”的人相处。这些人看到你花钱时会这样说：“把钱花在想花的地方不是很好嘛！”“花钱不为什么意义，有意思就好！”“你想花钱就花。”这样你才算是从这个金钱流动的世界毕业了。钱如水不流则腐，最浪费金钱的人其实是不花钱的人，不想花钱的人才是阻碍。

不要等有了钱以后，想到就立刻“做”

现在有很想做的事，想学的知识，想去的地方，想要的东西。但是没钱，没时间，家人不允许，没人照看孩子，身体不允许，地方太远，没办法向公司请假，所以不行。

到处都是“不行”的理由。这种人就算有人帮他，就算病好了，就算中了大奖，也会找到别的理由，就是不做想做的事。不是因为“没有”才“不做”，而是因为“不做”才“没有”，这种人的理解完全反了。

我反复强调过，这是颠倒因果。不是有了钱才做，而是“决定”做了，“不知怎么的钱就来了”。

有一位从心屋塾毕业的女士，她曾经没有钱，身体虚弱，还被家里赶出来，整天担心孩子们的事情。但是，当她“决定做”了以后，来到了京都，在心屋塾听讲，现在成了著名的生活咨询师。千万不要看不起自己，觉得“反正我不行”，放弃了想做的事。不能做不是因为钱，不是因为家人，不是因为时间，不是因为公司，更不是因为场所。“反正我不行”，是心的“状态”与“常识”有问题。

跟自己闹别扭就没有力气做想做的事，渐渐地也就无法说出自己想做的事，渐渐地不再知道自己到底想做什么，渐渐地开始说自己没有想做的事。所以如果有想做的事，赶紧“决定做”。决定了就不要放弃，只要不放弃，全世界会为你让路。

完成神社任务

神社任务是在心屋塾里学习过的人都知道的一种任务，主要内容就是往功德箱里塞1万日元。尽量选没什么香火的神社（如果只有很有名的就去那里也可以）。捐出的香火钱起码要1万日元，当然想要捐多一些也可以。我觉得表达对自己所度过的人生的感谢，捐多少钱都不过分。

不喜欢神社的人可以选择教会或是寺庙，但是无论你选择在哪里执行任务，请都不要期待有什么回报。

通过这个任务，我希望大家花一笔在自己看来完全是损失的钱，花了这笔钱没有意义与回报。选择神社是因为日本人多多少少都会受到“神社神灵”的照顾。而选择没有名气的地方则是为了执行任务的人得不到什么利益。

至少1万日元！放进功德箱！还要选没人气的神社！

觉得不可思议吧？怎么能把钱用在这种毫无意义只能损失的地方呢！你要是这么想，那你就是我常说的“很重视钱的人”。说句不好听的，你什么都不想失去，就算只往功德箱里塞10日元，也会希望有这样那样的回报。神社任务就是要破除你这样的“状态”。

可能有人会说“我没1万日元”，“捐这么多钱可不行”，“我要是捐1万日元，生活费都没了”。说这话的人肯定还不少，但是请你捐出来。不是“有”才捐，正因为“没有”才捐，这样才会“有”。

神社任务与托钵用意相同

下面我说一下为什么要推荐大家执行神社任务。我从2010年开始做免费的开放（小组）心理咨询。那时候我的书卖得很好，于是想要回馈社会。而且我考虑到许多很困难的人或许没钱做心理咨询。既然免费，应该会有很多很困难的人过来找我咨询吧。但现实情况是，虽然免费，不来的人还是不来。到底他们不来的理由是什么呢？

正好那时候我在前辈的咨询课上与一位叫泽谷铁的人交谈。当时我们聊了佛祖托钵的故事对我启发颇深。

托钵就是指出家人持钵寻访人家诵经领受布施的行为。据泽谷介绍，佛祖指示弟子们，托钵时不找富裕的人家而要找贫苦的人家。因为贫苦人家的百姓觉得自己很穷，没有给予过别人什么恩惠（没有能力给予），而往往他们因为这样的想法深陷贫苦。佛祖说，僧人托钵从穷人那里得到布施，其实是拯救了他们。

穷人为什么一直穷？因为他们觉得自己很穷很不幸，不会把钱花在除了自己以外的地方。所以，一定要让穷人明白布施（为别人花钱）的重要，才能解救他们于贫苦之中，这就是托钵的真正意义。

也就是说唯有“先付出”，才能富足。

这段话使我受到了很大的震撼。那我进行免费的开放心理咨询不是夺取了那些人学习“先付出”的机会，让他们丧失了富足的能力吗？所以我把免费咨询改为“心情付费制”（不问金额，给多少钱都收）。即使贫困，即使没钱，也还是要花钱才能再得到。为了让上课的人走入富裕的轮回，“让他花钱”，所以我决定实施“心情付费制”。

如果你觉得自己什么都“没有”，想要改变这种受害意识，首先要给予（**没有也要给予**），如此才能意识到“尽管如此我也有”。

不是因为没钱才不做，不是因为没钱才不去，是因为你不做，因为你不肯去，因为你任性地放弃了，因为你自己不肯接受富裕，不肯抓住富裕。而把你从这种“受害者怪圈”中拯救出来的方法就是托钵，也就是前一节介绍的神社任务。

这个方法会帮你相信钱不是“有”才花出去，而是“没有”也花，会让你尽早体验到钱从想不到的地方到来的意外之喜。

前文我也说过无数遍，这听来不可思议，却经常实实在在地发生在我周围人身上，我都已经数不过来了。

比如说，曾有一位女学生，往功德箱里捐出了仅有的1万日元。

她在时装店工作，有位来买包的客人送了她一张赌马券。就在她捐完钱后的3天，竟然中了30万日元的大奖。关于神社任务的效果，我听很多人分享过，不过听完她的经历，我还是吓了一跳，但这确实是现实中发生的事情。

所以，请你尽快从自己那些穷人的常识中走出来，改变现有的价值观。被我骗一次，试试我说的话。不是“有”才出，正是“没有”才出，如此方能“有”。

越没钱越要进行神社任务

神社任务与托钵意义相同，越是没钱越要进行。正是因为没钱，才要先给予，方能进入富裕的轮回。虽然我们平时会花话费、电费、零食费、喝酒费，但是一旦花像神社任务这样自己感觉毫无意义的钱就会感到害怕，穷的时候尤其如此。也就是如果没有看得见的成果出来，就算“实际有好处”也不行。

但是，请你考虑一下，谁都知道想要车，想要书，想要美容，想要得到什么东西时，首先要“给”。什么都不

想给，却想要。很想要，但不给予这是一种矛盾。

想别人温柔待你，自己却不温柔待人。想要别人给你钱，你却不给别人钱。想要被别人认可，你却不认可别人。我希望你尽快意识到不先想给予只想得到是一种矛盾。越是没钱越要先给予，所以请先给予吧！但是我不是叫你牺牲自己，只是希望你意识到自己“有”（对于那种独自忍受总是牺牲自己的人反而建议不要进行“神社任务”）。

神社任务就是让你意识到自己“有”的契机。是的，你“有”。你“有”，只是不想给而已，虽然明明给了才能得到。

试着说“母亲很幸福”

试着说“母亲很幸福”。可能有人会问了，这和钱有什么关系？我告诉你，关系可大着呢。人们对于金钱的消极价值观是由自身所处的出生及成长环境塑造而成的。可以说，你对钱的所有感受与“状态”都来自于此。

想要赚钱必须付出汗水与辛劳，只有努力才能富裕，轻松赚钱的事儿不是什么好事儿……父母对于金钱的价值观是你心中不可推翻的“铁律”深植在你的内心深处。

大家都曾有摆脱父母制定的“铁律”的机会，这个机

会就是叛逆期。在叛逆期真的叛逆过的人能够否定父母的价值观，即使不听从父母也没有罪恶感，可以自由自在地生活。但是那些没有真正叛逆过的人，守着父母的话，长大后还是很介意“别人的看法”。

其实你不是介意“别人的看法”，而是介意“父母的看法”。只要你做的与他们的看法不同就会心怀罪恶感生活，以惩罚没有遵照父母意愿的自己。

我的朋友中就有人叛逆期没怎么反抗过父母，他对父母一直抱有负罪感。这样的人有一个共同点，觉得母亲生活得很可怜。我以前也觉得母亲很可怜，所以特别讨厌她叹气。回家过节扫墓时，母亲总是一边叹气一边说：“就我一个人扫墓。”听到她这么说，我心里的罪恶感特别深，所以无论再忙，一到扫墓的日子一定放下手头的工作回家去。但我带着这样的心情就算回家了也因为心里认为这是义务而闷闷不乐。因为无法乐在其中，感觉很无聊，所以常会与母亲吵架，负罪感越来越深。这种事情一直反复发生。

没有在叛逆期好好叛逆的人，总是很在意父母看法的人，无法放下父母订立的规矩，一旦违背了这些原则，内心的罪恶感就会陡然增加，老觉得“自己是坏孩子”“别人不认可我”，对于钱也带着罪恶感。

这里有两个方法可以帮你摆脱罪恶感，不再顾及父母的支配变得自由。

方法一是对自己说“母亲不可怜”，方法二是说出“你这个女魔头”。为什么会有罪恶感呢？因为你“不想被父母讨厌，但是无法回应他们的期待”。也可能因为你讨厌“让父母辛苦”的自己，这只是你自己的执念。

你什么也不做也是有价值的，你没有罪，你没有一定要让父母幸福的义务，父母的不幸与你无关。承认母亲是幸福的就是在提高自己的“存在收入”，你就能变得富裕。

而这其中绝大部分都与父母有关。

试着对母亲说 3 次“你这个女魔头”

想要减轻罪恶感，从“父母的目光”中获得自由，还有一个办法，那就是重新开始叛逆期。

伤害父母，对他们冷漠，不要想着对他们报恩。孩子们自立时，最简单的方法就是对母亲说“你这个女魔头”。能当着母亲的面指责她说“你这个女魔头”是十分了不起的事情。为什么这么说呢？因为当你说“你这个女魔头”时，完全否定了父母与他们的价值观。

如果你在青春叛逆期时完全没有反抗，那就试着对母亲说一次“你这个女魔头”。说一次效果有限，这么重要的事情要重复三遍。不过忽然这么指责母亲，可能会吓坏她，所以先试着私下里自己说说看。

如果你很在意世人的看法，无法做自己想做的事，不认可自己的话，这就证明你很在意“父母的目光”。没必要这样，没必要一定要做个“好孩子”。你已经长大成人，可以独自决定不必做什么。从今天起，从现在开始，说“你这个女魔头”。先小声地自己偷偷地对自己说。

渐渐损失

没有钱的人为了不损失金钱拼命攒钱，结果阻断了金钱的循环。我认为没有损失＝阻断金钱流，损失＝金钱流回来。损失是让钱来找你的最佳捷径。

我辞职后从事心理咨询行业，从一个上班族变为了自由职业者。自由职业者与上班族不同，需要自己报税。当时的我为了少缴税简直想破了脑袋。收入如果超过某个限度，税率就会大幅上涨，所以我努力抑制收入，会计结算期狠不下心买东西，做了好多无聊的事情。现在回头看看，净是些无用功。

我很尊敬的齐藤一人总是很开心地上缴税金。我讨厌到不行的事情，他却乐在其中。我听说了这件事以后果断停止了那些无用的努力，决心不再为了缴税伤脑筋。我不知道自己上缴的税金会作为何用。考虑花出去的钱最终会到哪里去是毫无意义的。比如说就算你把钱捐给了贫穷的孩子，你也不知道他会怎么花这笔钱。就算他把钱花在了你认为不对的地方，你也没办法。反过来说，你受到了损失其实是帮助了别人。

总之，花出去的钱你不知道会被用在什么地方，所以不要不舍得花钱，该花钱就花。

我雇用的会计师给了我很多如何节税的建议。但是我对他说："算啦，算啦。反正我会赚回来的，没必要节税。"为了帮我节税会计师考虑了很多方面，听到我这么说他很疑惑："这样真的可以吗？"后来果然如会计师所说，有一大笔税要我付，但是我还是开心地付了钱。

你猜后来如何了？我的收入越来越高，而且不论工作多少。那时我就想，莫非损失是赚钱最好的方法。接下来我会继续说一些关于损失的事情。

有一些人在心屋塾听完课以后，得到了我的认证，成为认证讲师。他们使用我的名字在外面工作。按理说使用我的名字的话，应该要收费的。我曾经也考虑过，但是收完钱又要缴税，徒增麻烦。所以我最终决定“什么也不用给我，之后你们自由地使用心屋的名字赚钱”。其实我是双手奉上心屋的知名度、影响力以及信用。

我把自己建立的知名度放手给了他们，这些经过我认证的讲师们自由地工作，心屋的知名度越来越大。我什么也没做，多亏了他们我的书得以大卖，会员越来越多，收入不断增加。我没有收这些认证讲师的钱，但因他们得到的钱更多。

所以损失是最好的。与别人分享自己的“成果”，自己也会得到“什么”。你会得到原本两倍、三倍的回报。当然这种乐于“损失”的想法在我们的常识中是不可思议的，不相信我说的话也没关系。本来就难以相信。你不信也没关系，不过如果可以相信的话就肯定能得到幸福。“损失”在世人看来是导致生活困苦的原因，但我却认为遭受“损失”反而会幸福。

不要羞于称赞自己厉害

提高自己的“存在收入”，就可以变得富足。承认自己很“厉害”，可以提高“存在收入”，钱自然来找你。不过称赞自己“厉害”确实需要勇气。首先你会有羞耻感。特别是在日本，很多人会害羞，不爱称赞自己。失败了也会觉得羞耻，给别人添麻烦也会觉得羞耻，比不过别人会觉得羞耻，引人注目也会害羞，别人对你好也觉得不好意思。但是好好想想，这里没有一件事是该觉得不好意思的。无论是失败、给别人添麻烦、没别人做得好，还是做得很好，那都是理所当然的事。谁都会认为是正常的事，谁也不会特意来笑你傻。觉得羞耻不好意思的只是你自己。

我一开始也不好意思称赞自己。但我知道，你要觉得自己了不起，才可能真的做出了“不起的事情”，所以我决心从现在开始称赞自己“了不起”。

但还是很不好意思，自己实在没什么值得骄傲的地方。可当别人说我“一点儿也不厉害”或者“一无是处”时，心里特别不爽，但要说自己很厉害又很羞愧。到底觉得自己厉不厉害呢……这样的情况困扰了我好久。现在想想，无论哪一种表现都是太在意别人看法，内心都藏着羞耻感。

后来开始有电视台找我，我开始出现在电视节目里和书的封面上。当然我还是不好意思，但是看到那些媒体人遇到这种事就会说“请你尽量宣传我的形象”，顺应潮流。顺应潮流，不封闭自己，把自己交给大趋势。渐渐地这股潮流就会越来越大越来越快，你觉得害羞想把自己封闭起来都做不到了。

其实不是我自己决定“好不好意思”，当周围的人称赞我“真厉害”，我的心里只是浮现起了一句话：“对不起。谢谢！”

是的，当感谢之心浮现出来时，我才真正告别了羞耻之心，实实在在地觉得自己“很厉害”。

当我还老是觉得羞耻时，总是跟自己闹别扭畏缩不前。明明自己很厉害却一直不明白；明明是那么了不起却不相信。为什么不明白呢？

所以只要自己理解自己就好。相信自己很了不起，这样你就不会畏缩不前感到羞耻，周围的人也会渐渐接受。别人有什么事你很容易去帮助别人，你也很容易寻求别人的帮助，形成互帮互助的良性循环。

不愿说“帮帮我”的人，觉得一旦得到别人的帮助就一定要报恩。怀抱着这样的想法，会觉得自己不值得被帮助，一旦别人伸出援手，就想做更多的事情报恩。但如果承认自己“很厉害”，因为认为自己值得获取别人的帮助，别人帮了大忙，即使自己只是说一声“谢谢”，施以援手的人也会很开心。

当你说“谢谢”时，就承认了自己的“厉害”，也就是真的发现自己是一位伟大的人。

所以没必要害羞。无论你是否害羞，只要你决定开始“伟大”，命运的洪流就会推动你向前。当别人称赞你“厉害”时，请诚实地接受！不羞愧的人“不愁钱”哦！

小结

* 选择不看“便不便宜”要看“喜不喜欢”。只选便宜的东西是在糟蹋自己。

* 没有钱也按照“有钱”的原则做事，你会发现真的“有钱”。

* 不要被工作搞得筋疲力尽。像有钱人一样常去玩儿。

* 不是“努力攒了钱再花”，试着向最不能要钱的人要钱。

* 先决定“做想做的事”“买想买的东西”，需要的钱自然会来。

钱不花就是一张纸而已

每次出新书，我都会自掏腰包买 3500 本。这样算下来，出书第一版的版税全都花光了。然后我会把这些书作为礼物送给心屋塾的会员们。这些会员是最可能买我的书的人，把书送给他们必然会影响书的销售额。但是损失就是通往富裕的捷径。事实也正是如此，我把书作为礼物送给他们，不可思议的是，书越卖越多，新的读者也越来越多。

损失了富裕自然会来。金钱、空气、爱情，这些东西流走了还会再回来，这是客观的规律。没有钱进来的人是因为他不花钱，或者钱来了他不肯接受，仅此而已。所以好好花钱，买喜欢的东西，让自己开心。同时，也舍得为别人花钱，快乐地给予，快乐地接受。

不要舍不得钱，不要阻止金钱流动。好好花钱，没钱也要花。然后学会“给予”，也要好好“接受”。只要做到这些，你一定会过上不愁钱的生活，不再为钱所困。

请你堂堂正正地接受以钱为名的富足，因为你值得这样的生活。然后堂堂正正地花钱。损失也没有什么，因为钱是“不会减少的”。读完这本书的你，请从心里希望自己有钱进有钱出，一辈子富裕殷实。

心屋仁之助